GÉNÉRAL FAMIN

# PROPOS
D'UN
# COLONIAL

PARIS
LIBRAIRIE PLON
PLON-NOURRIT ET Cie, ÉDITEURS
8, RUE GARANCIÈRE — 6e

1912

# PROPOS

D'UN

# COLONIAL

GÉNÉRAL FAMIN

# PROPOS D'UN COLONIAL

PARIS
LIBRAIRIE PLON
PLON-NOURRIT ET Cie, ÉDITEURS
8, RUE GARANCIÈRE, 6e

1912

*A vous, Mes anciens Camarades, je dédie ces pages, dictées au cours des événements par le seul désir de faire œuvre utile.*

*Elles vous prouveront que de loin comme de près, aujourd'hui comme jadis, je reste uni de cœur avec vous, fidèle aux grands sentiments qui sont les guides constants de nos existences de colonial et de soldat : l'amour de la vérité et du devoir sans crainte exagérée des responsabilités, et la passion de la France.*

Chartres, le 5 octobre 1911.

Général Famin.

# PROPOS D'UN COLONIAL

## L'ARMÉE COLONIALE

Dans son très intéressant projet de loi sur la réorganisation de l'armée, M. le Député Messimy préconise la formation d'une armée coloniale autonome, qui comprendrait les troupes coloniales existant actuellement en France et aux colonies et les troupes d'Afrique.

L'idée est très séduisante à tous égards et semble mériter d'être prise en sérieuse considération par le Parlement.

La loi du 7 juillet 1900 a créé, en effet, une organisation provisoire qu'il serait dangereux de laisser subsister trop longtemps.

Les troupes chargées d'assurer la défense de notre empire colonial doivent forcément être divisées en deux parties : l'une en service dans nos possessions d'outre-mer, l'autre en France ou en Algérie, chargée d'assurer périodiquement la relève de la première et de fournir en cas de besoin un corps expéditionnaire de force suffisante pour faire face aux éventualités qui peuvent se produire.

Une bonne organisation des troupes coloniales exige comme conditions primordiales que la partie de ces troupes stationnée aux colonies et celle se trouvant en France ou en Algérie soient placées sous une seule et même autorité directrice, aient un seul et même budget. Ces deux parties sont, en effet, intimement liées entre elles ; la valeur des éléments qui résident et combattent aux colonies dépend de la valeur des unités de France et d'Algérie exclusivement chargées du recrutement et de l'instruction des hommes. Des dépenses souvent utiles et avantageuses pourraient être faites d'un côté et compensées par des économies réalisées de l'autre.

Cette seule autorité directrice s'impose d'ailleurs absolument si l'on veut qu'il existe une responsabilité quelconque au point de vue de la défense des colonies. Comment, en effet, admettre qu'un ministère puisse être réellement responsable de la défense, si, pour l'assurer, il est obligé de demander tous les cadres et toutes les troupes dont il a besoin, à un autre département, qui est libre de les lui refuser ou de les lui donner plus ou moins bons, plus ou moins préparés au rôle spécial qui leur incombera ?

Et telle est cependant la situation actuelle. Le

ministre des Colonies a autorité sur les troupes coloniales d'outre-mer et est responsable de la défense des colonies, mais le ministre de la Guerre, commandant la partie des troupes de France et d'Algérie chargées d'assurer la relève, est libre d'en disposer comme il le juge utile.

Lorsque le ministre de la Marine était chargé de l'administration des colonies, sa responsabilité au point de vue de leur défense était effective puisqu'il avait en mains tous les éléments nécessaires pour assurer cette défense, en particulier les troupes de la marine stationnées en France et aux colonies.

Le jour où le ministère des Colonies a été créé, il aurait été logique soit de laisser comme par le passé au ministère de la Marine le soin de défendre nos colonies, soit de donner au département nouveau, si l'on voulait qu'il assumât cette tâche, les moyens d'assurer la défense de nos possessions d'outre-mer en faisant passer toutes les troupes sous son autorité. Il n'en fut rien. Le ministre de la Marine conserva sous ses ordres toute la partie des troupes de la marine (aujourd'hui troupes coloniales) résidant en France, tandis que la partie en service outre-mer passait sous l'autorité du ministre des Colonies. Les premières étaient administrées et soignées par le personnel de la Marine, les secondes par des agents appartenant exclusivement au ministère des Colonies.

Cette organisation hybride ne pouvant donner de bons résultats, on fut bientôt amené à la modifier. Après de longues discussions le Parlement adopta la loi du 7 juillet 1900.

Elle réalisait deux progrès sérieux :

Elle dotait les troupes coloniales des services administratifs et de santé autonomes qui leur manquaient jusque-là, et qui leur étaient nécessaires pour obtenir dans les différentes colonies l'unité de direction et de commandement, pouvant seule permettre aux troupes de bien remplir leur mission, en établissant des responsabilités réelles.

Elle créait une direction spéciale chargée de tout ce qui concerne le personnel, l'instruction et le commandement de l'ensemble des troupes coloniales ainsi que de l'administration et de l'emploi de la partie de ces troupes stationnées en France.

Par contre, elle présentait plusieurs graves inconvénients.

Elle maintenait la scission entre la partie des troupes coloniales stationnée en France et celle en service aux colonies, partageant ainsi entre trois départements (guerre, marine et colonies) le commandement, l'autorité et, par suite, la responsabilité dans toutes les questions concernant la défense des colonies ; source de complications très regrettable, car, dans les choses de la guerre, l'unité de direction est le premier gage du succès.

Elle laissait au ministère de la Guerre la latitude de recourir à la légion étrangère, aux bataillons d'infanterie légère, aux tirailleurs algériens, pour les faire coopérer au service colonial, sans toutefois les incorporer dans les troupes coloniales, disposition qui semble en contradiction avec les motifs qui ont fait admettre le principe de l'autonomie de ces troupes. Si le législateur a tenu à cette autonomie, malgré ses inconvénients, c'est sans doute parce qu'il a reconnu la nécessité d'une instruction, d'une expérience spéciales pour les troupes appelées à servir outre-mer ; or, les corps de l'armée d'Afrique ne diffèrent en rien, comme composition des cadres et comme instruction, des autres régiments de l'armée métropolitaine.

Les troupes coloniales et les troupes d'Afrique pouvant concourir au même service, ce qui est nécessaire pour les unes doit l'être pour les autres, et il aurait été logique, soit de supprimer pour les troupes coloniales l'autonomie qui n'est pas jugée nécessaire pour la légion étrangère, les tirailleurs algériens, et les bataillons d'Afrique, soit de faire passer ces corps dans les troupes coloniales.

Actuellement, les troupes coloniales, dont on a exigé l'autonomie en raison de l'expérience et de l'instruction spéciales qu'elles doivent avoir pour bien remplir leur rôle, sont disséminées dans tous les ports de France, où elles reçoivent la même instruction que les troupes métropolitaines, prenant part comme elles aux grandes manœuvres, et formant un corps d'armée dont on fait état en cas de mobilisation. D'autre part, les troupes d'Afrique, qui pourraient concourir au service colonial, n'ont pas d'autonomie, pas plus d'ailleurs que les troupes autres que l'infanterie et l'artillerie qui sont appelées à servir aux colonies.

Cette situation anormale ne peut s'expliquer que par l'intention d'arriver, dans un avenir plus ou moins rapproché, à une fusion des troupes métropolitaines et coloniales. Cette fusion semblerait fâcheuse.

L'armée coloniale a un rôle très différent de l'armée métropolitaine et doit, par suite, en être complètement distincte. L'armée métropolitaine, chargée exclusivement de défendre nos frontières en cas d'attaque, est en réalité aujourd'hui la nation armée. Elle doit donc être basée sur la plus large utilisation des réserves et, en dehors des corps de couverture stationnés le long de nos frontières, elle ne doit guère comprendre en temps de paix que les cadres et les jeunes gens du contingent retenus sous les drapeaux pendant le temps indispensable pour leur apprendre le service de l'arme à laquelle ils sont affectés.

L'armée coloniale, au contraire, destinée à servir outre-mer, dans des contrées où le climat exige une santé robuste, où la connaissance des mœurs des habitants, de la langue du pays sont des grands facteurs de succès, doit être une armée de métier, c'est-à-dire composée de soldats volontaires, restant aussi longtemps que possible sous les drapeaux.

Si le recrutement des deux armées doit être diffrent, leur mode d'instruction doit être également très dissemblable. L'instruction aussi sérieuse que possible, donnée dans les régiments coloniaux de France ou d'Algérie, doit être dirigée de manière à rendre les hommes parfaitement aptes à vaincre les difficultés particulières inhérentes à la vie militaire aux colonies. Mais nous pensons que, parallèlement à leur instruction militaire, tous doivent en outre être instruits dans un métier quelconque utile à l'armée, les uns travaillant à l'habillement, à l'armement, chez le maître cordonnier; d'autres étant employés à l'infirmerie, à la presse, ou suivant les cours de télégraphie; d'autres répartis dans des ateliers d'ouvriers d'art organisés au régiment et apprenant le métier de menuisier, charpentier, maçon, plâtrier, zingueur, plombier, serrurier, etc. Pour leur faciliter les moyens de bien donner cette instruction, les corps devraient être chargés d'entretenir eux-mêmes leurs casernements.

L'instruction militaire proprement dite ne saurait avoir à souffrir de cette seconde instruction parallèle, et la discipline ne pourrait qu'y gagner. Ce qu'il y a de plus à craindre pour le soldat de carrière, c'est l'oisiveté et l'ennui, d'où découlent de nombreux défauts, à commencer par l'ivrognerie.

Après deux ou trois années de service, l'homme connaît parfaitement son métier, il n'a plus besoin que de s'entretenir; les exercices répétés chaque jour, toujours les mêmes, lui paraissent promptement fastidieux, et cependant il faut bien l'occuper. Aussi, pour l'homme dont l'ambition s'arrête au modeste galon de soldat de première classe, l'ennui arrive-t-il vite en France et même aux colonies. Le travail seul peut y remédier. Nombreux seraient les avantages de cette instruction professionnelle. Elle permettrait de donner à tous les anciens soldats une occupation utile; entretenant leur activité en dehors des quelques exercices nécessaires pour maintenir leur instruction militaire, elle leur permettrait de gagner, sans charge nouvelle pour le budget, des primes de travail qui amélioreraient leur bien-être; elle leur apprendrait un métier pouvant devenir pour eux un gagne-pain après leur libération ou leur retraite, leur permettant ainsi d'être des hommes utiles à la société au lieu de rester trop souvent des non-valeurs.

Ajoutons que les soldats ouvriers ainsi formés rendraient de très grands services aux colonies; non seulement ils pourraient y exécuter de nombreux travaux, mais encore instruire et diriger les soldats indigènes. Au moment de leur libération, ils fourniraient une précieuse ressource pour la colonisation qui manque toujours de bons ouvriers européens.

La nécessité d'avoir des troupes coloniales complètement distinctes des troupes métropolitaines paraît donc s'imposer puisque leur organisation, leur instruction, et leur recrutement doivent être différents, en raison même du but pour lequel elles sont créées.

Ajoutons que la partie des troupes coloniales stationnée en France ou en Algérie pour assurer la relève doit être aussi nombreuse que possible, car plus elle aura d'importance, moins souvent les officiers, les sous-officiers et soldats seront obligés de retourner aux colonies ; or, les séjours trop rapprochés, ou trop prolongés sont mauvais au point de vue sanitaire ; ils entraînent une grande mortalité et occasionnent de nombreuses réformes et des retraites anticipées. Il suffit de lire l'*Officiel* pour se rendre compte du grand nombre d'officiers supérieurs des troupes coloniales qui, aujourd'hui, prennent leur retraite dès qu'ils ont 25 ans de service, c'est-à-dire aux environs de 45 ans, privant ainsi l'armée du bénéfice de leur expérience et imposant une lourde charge au budget des retraites.

M. le député Messimy semble avoir indiqué la

meilleure manière de résoudre ces difficultés, en proposant de former une grande armée coloniale autonome, avec les troupes coloniales actuelles réunies aux troupes de l'Algérie et de la Tunisie.

La partie des troupes coloniales stationnée en France comprend actuellement un corps d'armée de 3 divisions, soit 12 régiments d'infanterie et 3 d'artillerie. On ne conserverait qu'une seule division à 4 régiments d'infanterie et un d'artillerie, qui serait stationnée dans le Midi et recevrait les militaires rentrant des colonies qui ont besoin du climat de France pour rétablir leur santé. Les éléments composant les 8 régiments d'infanterie et les 2 régiments d'artillerie des troupes coloniales supprimés en France seraient utilisés en Algérie et en Tunisie, pour former le noyau des troupes européennes qui y séjournent et contribuer à l'encadrement des troupes indigènes. Une partie des cadres des troupes d'Afrique rendus ainsi disponibles permettraient de former facilement le nombre d'unités métropolitaines jugé nécessaire pour remplacer les troupes coloniales qui tiennent actuellement garnison à Paris et dans les ports du Nord et qu'on aurait supprimées.

Cette solution aurait de nombreux avantages. Elle remettrait chacun à sa place. Les troupes coloniales stationnées en Algérie et Tunisie, sauf une division à Toulon-Hyères-Marseille, pourraient se consacrer exclusivement à leur rôle spécial ; il ne serait plus nécessaire de leur donner une double instruction répondant à un double but. D'autre part, les régiments métropolitains qui les remplaceraient à Paris et dans les ports, en raison de la fixité des cadres et de la permanence des effectifs, seraient plus à même de remplir le rôle qui leur incombe au point de vue d'une guerre continentale.

L'Algérie et la Tunisie seraient occupées par des troupes de métier, par suite plus résistantes, ce qui permettrait de réduire sans doute les effectifs actuels (78 000 hommes). Il résulterait, de ce fait, au point de vue budgétaire, des économies plus ou moins importantes, et au point de vue militaire, la possibilité de diminuer et peut-être de supprimer l'envoi d'hommes du contingent de France en Afrique où il y a actuellement en service 21 000 appelés métropolitains. On rentrerait ainsi dans la logique car il est peu rationnel d'envoyer des hommes du contingent dans le sud algérien, tandis que la loi oblige à n'envoyer que des volontaires engagés ou rengagés, à la Réunion, aux Antilles, en Nouvelle-Calédonie où le climat est plus sain et les chances de mortalité moindres.

L'armée coloniale ayant en France, en Algérie et en Tunisie une base suffisamment large, les départs aux colonies deviendraient moins fréquents, ce qui diminuerait la mortalité et éviterait les nombreuses retraites anticipées dont nous avons parlé. De plus, l'armée coloniale, comprenant toutes les armes, serait capable de se suffire à elle-même et de remplir le rôle qui lui incombe sans être obligée de faire des emprunts continuels aux troupes métropolitaines. Cela n'empêcherait d'ailleurs en rien les passages par permutation d'une armée dans l'autre, ils deviendraient, au contraire, beaucoup plus faciles qu'aujourd'hui, particulièrement pour les officiers supérieurs. Les officiers de l'armée métropolitaine ne pouvant plus en effet servir désormais outre-mer qu'en passant dans les troupes coloniales, tous ceux qui seraient désireux de faire campagne chercheraient à permuter dans ces troupes ; et leur nombre serait d'autant plns grand. que la charge du service aux colonies serait devenue moins lourde et que les intéressés auraient la perspective de pouvoir assez facilement retourner dans l'armée métropolitaine, le jour où ils le désireraient pour une cause quelconque.

L'armée coloniale étant ainsi fortement constituée, il y aura lieu de la rattacher tout entière au ministère auquel on donnera la charge de la défense des colonies. L'un ne va pas sans l'autre. Il est logique, il est nécessaire que le département qui aura la lourde responsabilité de la défense de nos possessions d'outre-mer, dispose entièrement de l'armée créée uniquement en vue de cette mission. Agir autrement, c'est vouloir créer la confusion et l'irresponsabilité.

Avec cette organisation, il serait possible, tout en admettant le principe du service de deux ans pour tous, d'autoriser dans toutes les colonies, y compris l'Algérie et la Tunisie, la libération anticipée des hommes suffisamment instruits. Cela ne froisserait pas l'égalité, car la situation d'un homme résidant aux colonies et y faisant son service ne peut être comparée à celle d'un homme domicilié en France, et il en résulterait un sérieux avantage pour le budget et pour la colonisation. Cette mesure semble, au contraire, difficile à admettre en l'état actuel, où l'Algérie est assimilée à la France à tant de points de vue.

La conquête d'un vaste empire colonial devait fatalement entraîner l'organisation d'une forte armée coloniale. La loi de 1900 a réalisé un grand progrès dans ce sens, en permettant de former, avec les anciennes troupes de la marine, un tout autonome doté des services auxiliaires indispensables. Aujourd'hui que ce premier résultat peut être considéré comme acquis, le moment semble venu de résoudre définitivement la question. Il y aurait un grand intérêt à le faire le plus tôt possible, non seulement pour mettre fin à une situation pleine d'inconvénients graves, mais encore parce que la réorganisation d'une armée coloniale par la fusion des troupes coloniales actuelles et des troupes d'Afrique, pouvant avoir des conséquences sérieuses au point de vue des effectifs à demander au contingent et du temps de service militaire à exiger des habitants d'Algérie et de Tunisie, semblerait devoir précéder logiquement la discussion de la loi sur le service de deux ans.

C'est intentionnellement que la question de savoir à quel ministère serait rattachée l'armée coloniale a été laissée de côté. Il est inutile de compliquer la réforme militaire par une question d'ordre politique.

Le 23 septembre 1903.

---

# LA FUSION DES TROUPES MÉTROPOLITAINES ET DES TROUPES COLONIALES

L'organisation d'une armée coloniale autonome, susceptible d'assurer seule et dans les meilleures conditions la lourde charge qui lui incombe, a eu de nombreux partisans, il y a quelques années, quand l'attention était particulièrement attirée vers notre vaste empire colonial, dont la défense pouvait exiger, à un moment donné, un vigoureux effort. On songeait alors à fondre les troupes coloniales et celles stationnées en Algérie et Tunisie, pour former une grande armée coloniale, exclusivement composée d'engagés, de rengagés et d'hommes des contingents coloniaux. Telle fut la base des projets de loi successivement déposés par M. Cavaignac et M. Messimy.

Le système préconisé réalisait de grands progrès. Il assurait l'unité de direction et de commandement. Il forçait à rentrer dans la logique en remplaçant, en Algérie et en Tunisie, les hommes du contingent par des soldats de métier. Il permettait de bien grouper les troupes coloniales sous les ordres exclusifs de leurs chefs, en leur affectant une région territoriale. Il donnait à l'armée coloniale une base suffisamment large pour rendre les départs aux colonies moins fréquents, ce qui permettait de diminuer les effectifs des cadres à la suite entretenus pour les besoins de la relève, tout en allégeant le poids du service outre-mer. Il dotait enfin l'armée coloniale de tous les organes lui permettant de remplir son rôle, sans l'obliger à faire des emprunts continuels à l'armée métropolitaine.

Mais cette réorganisation, qui aurait eu le sérieux inconvénient de mettre tous les officiers de l'armée métropolitaine dans l'impossibilité de faire désormais campagne, fut vivement combattue. Il semble qu'elle n'aurait plus aujourd'hui aucune chance d'être adoptée, car nos accords avec l'Angleterre et le Japon écartent pour l'instant tout danger d'attaque de nos colonies et font même envisager la possibilité de réduire dans d'assez notables proportions les forces que nous entretenons outre-mer.

Le moment semble donc venu d'étudier de nouveau la réorganisation des troupes coloniales en s'inspirant de principes différents.

On ne saurait, sans imprudence, supprimer ces troupes ou même diminuer trop sensiblement leurs effectifs comme certains le voudraient. La population de l'Indo-Chine est considérable, des troubles peuvent éclater un jour dans cette colonie, pour un motif quelconque et exiger pour leur répression d'autres éléments que les milices et les troupes indigènes. Rien ne dit que tôt ou tard nous n'aurons pas de difficultés avec nos voisins les Chinois, et qu'on ne devra pas envoyer de forts effectifs de troupes européennes pour protéger nos frontières. Notre politique extérieure peut, d'autre part, se modifier et nous pourrions être alors obligés d'avoir de nouveau des garnisons suffisamment importantes aux colonies. Or, il ne faut pas perdre de vue qu'on ne peut envoyer outre-mer des hommes du contingent, et que ce n'est pas en quelques semaines, en quelques mois, qu'on peut espérer établir le courant d'engagements et de rengagements nécessaire pour avoir des troupes de métier en nombre suffisant. Nous avons mis près de dix ans à constituer les troupes coloniales actuelles.

Mais, si les troupes coloniales doivent être conservées comme troupes spéciales, il ne paraît pas indispensable de maintenir leur autonomie qui présente malheureusement aujourd'hui plus d'inconvénients que d'avantages. La fusion des cadres des troupes métropolitaines et coloniales, en assurant aux coloniaux la place naturelle qui leur revient dans l'armée, pourra seule permettre de faire disparaître la plus grande partie des inconvénients dont on se plaint actuellement. L'expérience de six années a montré que, jusque-là, les plus grands efforts resteraient en partie stériles. Tout d'ailleurs a été préparé pour rendre cette fusion possible et facile.

Les principes qui devraient, à notre avis, présider à l'élaboration de l'organisation nouvelle, sont les suivants :

A. — Les officiers et sous-officiers qui encadrent les troupes chargées spécialement de la garde et de la défense des colonies doivent faire partie intégrante de l'armée métropolitaine. Nous n'avons qu'une cavalerie et un génie, de même il ne doit exister qu'une infanterie et une artillerie, qu'un corps de médecins et d'intendants. Il sera possible alors, tout en tenant compte, dans la plus large mesure, des intérêts personnels, de placer chacun aux différents moments de sa carrière là où il pourra le mieux développer son instruction professionnelle et ses qualités militaires, là où il sera à même de rendre les meilleurs services. Cela permettrait en outre, de supprimer de nombreux cadres à la suite fort coûteux, tout en diminuant sans doute la mortalité actuelle, causée par des séjours trop répétés aux colonies.

Pour chaque arme : infanterie, cavalerie, artillerie, il y aurait une liste unique d'ancienneté, comme il n'y aurait qu'un tableau d'avancement, tous les officiers de l'armée concourant ensemble.

B. — Afin de conserver les traditions et l'expérience qui sont nécessaires aux troupes coloniales, pour leur permettre de bien remplir leur rôle particulier, il faut en former des troupes spéciales comme les chasseurs à pied et l'artillerie de forteresse.

C. — Le nombre des unités chargées d'assurer la relève coloniale, troupes coloniales et troupes d'Afrique, doit être assez considérable pour que le poids du service outre-mer ne soit pas trop lourd pour les cadres, et surtout pour les sous-officiers.

D. — On devra faire des avantages suffisants aux officiers et sous-officiers faisant campagne aux colonies, pour obtenir leur recrutement à l'aide d'éléments volontaires et sans avoir jamais besoin de recourir à des désignations d'office.

E. — Afin d'éviter toute possibilité de favoritisme ou d'abus d'autorité dans les désignations coloniales, ce qui serait à redouter si on pouvait désigner d'office un officier des troupes métropolitaines pour remplir un emploi vacant aux colonies, on devra poser le principe absolu qu'un officier, un sous-officier en service dans les troupes métropolitaines ne saurait être affecté directement à un emploi aux colonies. Les officiers, soucieux d'aller servir outre-mer, devront passer d'abord dans des troupes chargées du service colonial, d'où ils seront désignés pour servir aux colonies, d'après les listes de tours de départ.

Les conditions dans lesquelles on pourrait entrer dans ces troupes et en sortir, devraient être réglementées d'une manière très précise. Les demandes des officiers intéressés seraient publiées périodiquement à l'*Officiel*. Il leur serait donné satisfaction, au fur et à mesure des vacances, en suivant strictement l'ordre de ces demandes.

Après six années de service dans les troupes chargées du service colonial, dont quatre ans passés aux colonies, les officiers pourraient être replacés dans les troupes métropolitaines, si l'autorité supérieure le jugeait utile.

Cette mutation serait un droit pour les intéressés, s'ils en faisaient la demande, sous la réserve qu'elle fût formulée au cours d'un séjour en France.

Les officiers promus au grade supérieur ne pourraient, de ce fait, passer du service métropolitain au service colonial, ni réciproquement. Ceux qui, à la suite de chaque promotion, pourraient se trouver momentanément en surnombre des officiers de leur grade, seraient mis à la suite de leur corps, jusqu'à ce qu'il se produise des vacances.

F. — Les troupes assurant le service colonial devraient être concentrées en Algérie et Tunisie, ainsi que dans le midi de la France, non loin des ports d'embarquement pour les colonies, sous un climat se rapprochant le plus possible de celui de nos possessions d'outre-mer.

G. — Les effectifs des troupes coloniales en France, Algérie et Tunisie, seraient fixés par une loi, et les cadres arrêtés aux chiffres nécessaires pour commander les unités prévues. Ces chiffres seraient augmentés seulement d'un quart du nombre des gradés en service aux colonies. Cette majoration est nécessaire pour tenir compte des vides existant normalement dans les cadres, comme conséquence de la relève coloniale, par suite des officiers et sous-officiers en cours de route ou en congé de convalescence. Il ne serait plus nécessaire de prévoir comme aujourd'hui des cadres à la suite destinés à assurer aux officiers et sous-officiers un temps de repos suffisant entre deux séjours coloniaux, puisque le service de la relève serait assuré non seulement par les troupes coloniales, mais par toutes les troupes chargées du service aux colonies, ce qui en allégera considérablement la charge.

Les cadres et effectifs des troupes stationnées aux colonies continueraient à être fixés comme actuellement, par des décrets et par voie budgétaire, car la situation politique de certaines de nos possessions, particulièrement en Afrique, varie souvent et peut exiger des modifications plus ou moins fréquentes et rapides dans l'organisation et l'importance des troupes qui y sont détachées.

L'entretien de tous les officiers et sous-officiers hors cadre rentrant des colonies resterait à la charge du département des colonies, jusqu'au jour où des vacances permettraient au ministère de la Guerre de réintégrer les intéressés dans les cadres.

De ces principes, il est facile de déduire les bases d'une organisation rationnelle, en admettant, selon la logique, que les troupes chargées du service aux colonies doivent comprendre les troupes coloniales actuelles et la plus grande partie des troupes d'Afrique.

Il serait seulement nécessaire d'adopter des mesures transitoires pour ménager les situations acquises et ne pas risquer de jeter du trouble dans l'avancement des officiers.

Dans cet ordre d'idées, on pourrait admettre que le droit de rentrer dans les troupes métropolitaines après six ans de service, dont quatre ans aux colonies, ne serait pas acquis aux officiers provenant des anciennes troupes coloniales, mais seulement à ceux qui entreraient sous le nouveau régime dans les troupes assumant la charge du service aux colonies. En ce qui concerne les officiers des anciennes troupes coloniales, le ministre de la Guerre fixerait, chaque année, le nombre de ceux qui peuvent être autorisés à passer dans les troupes métropolitaines, ce nombre ne devant cependant pas être inférieur pour chaque grade, à 10 pour 100 des officiers de ce grade existant dans les troupes coloniales. La proportion des officiers des troupes coloniales entrant ainsi annuellement dans les troupes métropolitaines serait relativement si faible, environ 2 pour 100, qu'il ne saurait modifier l'avancement des armes intéressées.

Tant que la fusion complète ne serait pas réalisée, c'est-à-dire jusqu'au jour où tous les officiers seraient également placés sous le régime nouveau, « droit de passer dans les troupes métropolitaines après quatre ans de colonies », les vacances se produisant dans les cadres des troupes coloniales, pour une cause quelconque autre que le passage d'officiers dans les troupes métropolitaines et les retraites par limite d'âge (décès, réformes, démissions, retraites anticipées), seraient exclusivement réservées à des officiers appartenant aux troupes coloniales.

Cette solution présenterait de nombreux avantages.

Elle donnerait, à tous les officiers de l'armée, la possibilité de faire campagne outre-mer à un moment donné de leur carrière, ce qui est bon au point de vue du développement de l'initiative, de la fermeté du caractère, du prestige et de l'ascendant sur les subordonnés. Elle permettrait par contre, aux officiers fatigués, qui ont contracté des maladies aux colonies, de rétablir leur santé tout en rendant d'utiles services en France.

Les troupes coloniales composées en grande majorité de soldats de métier seraient beaucoup mieux à leur place en Algérie et Tunisie qu'en France, et les troupes chargées désormais de la défense des ports de guerre auraient, d'autre part, toutes chances d'être mieux préparées à leur rôle qui exige de la stabilité, que les troupes coloniales dont les éléments se renouvellent constamment.

Le budget enfin réaliserait de sérieuses économies, en raison de la suppression d'une grande partie des cadres à la suite, de la diminution des décès, des réformes et surtout des retraites anticipées, enfin de la réduction des frais de route payés actuellement aux cadres et aux hommes de troupes obligés de traverser la France pour rejoindre le port d'embarquement à leur départ aux colonies, et le régiment auquel ils sont affectés à leur retour.

La réorganisation indiquée soulèverait fatalement des objections de la part de tous ceux qui penseraient pouvoir en souffrir en quoi que ce soit. Il semble cependant que, d'une manière générale, les intérêts particuliers seraient très suffisamment respectés pendant la période transitoire qui présentera forcément quelques difficultés.

D'ailleurs, même si quelques individualités devaient avoir à se plaindre de cette réorganisation, cela ne devrait pas y mettre obstacle. On ne fait pas de réformes sans risquer de froisser quelques intérêts particuliers. L'intérêt général doit tout primer.

Le 15 janvier 1907.

---

## LA VALEUR DES TROUPES COLONIALES

Le récit de l'incident de Toulon m'a causé une réelle tristesse, comme à tous ceux qui, ayant vécu pendant de longues années l'existence des troupes coloniales, ont pu les bien connaître et les apprécier.

Il ne semble pas possible de porter aujourd'hui une appréciation sur un fait évidemment mal connu et en partie dénaturé, car il est invraisemblable qu'un officier général ait pu, dans le service, adresser à ses subordonnés les paroles blessantes et injustes qu'on lui prête. Mais l'occasion semble favorable pour essayer d'éclairer un peu l'opinion publique sur la situation actuelle des troupes coloniales.

Il y a souvent eu des rivalités, des jalousies entre les différents corps de l'armée, depuis l'époque où les mousquetaires du roi allaient si volontiers tirer l'épée sur le pré contre les mousquetaires du cardinal, premier ministre.

C'est le revers regrettable d'une qualité réelle, qu'on nomme l'esprit de corps et qui fait faire de grandes choses. Il appartient aux chefs de ne pas laisser ces rivalités dégénérer en animadversion pouvant entraîner de funestes conséquences, mais il ne faut pas non plus s'en exagérer l'importance.

On doit reconnaître cependant que l'esprit de particularisme s'est beaucoup développé dans les troupes coloniales depuis quelques années ; cela tient en grande partie à la pensée, erronée sans doute, mais malheureusement très répandue, que le département de la guerre ne les aurait accueillies qu'à contre-cœur et aussi à la situation fausse où elles se trouvent.

On ne saurait admettre, croyons-nous, que deux espèces de troupes ayant des régimes absolument différents au point de vue du recrutement, de l'avancement, de la distribution des récompenses, du service, puissent appartenir au même ministère sans qu'il naisse des jalousies et des froissements réciproques, entraînant des animosités plus ou moins profondes ; voilées sous le masque de la bonne éducation dans le haut de la hiérarchie, elles risquent de se déchaîner plus ou moins brutalement, à un moment donné, dans le bas. Et c'est un des motifs pour lequel la fusion des troupes métropolitaines et coloniales semblait devoir s'imposer naturellement à plus ou moins brève échéance, du jour où ces dernières sont passées au département de la Guerre.

La composition des troupes coloniales est loin d'être mauvaise, comme on pourrait le croire à la lecture de certains articles de journaux, écrits sous je ne sais quelle inspiration, et qui trop souvent ont grossi, dénaturé ou même inventé des faits de nature à jeter le discrédit sur ces troupes.

Le corps des officiers et celui des sous-officiers sont également admirables de dévouement, d'abnégation et d'énergie. Les rengagés sont presque tous de bons soldats, car s'ils avaient été mal notés on ne les aurait pas conservés sous les drapeaux, en les autorisant à contracter un rengagement. Parmi les engagés volontaires, seuls, il y a chance de trouver un nombre plus ou moins élevé de mauvais sujets mêlés aux bons, les chefs de corps n'ayant aucun moyen de les apprécier avant leur incorporation.

Mais il faut ajouter que presque tous les coloniaux ont été attirés sous les drapeaux par le désir de faire campagne. Or, depuis quelques années, par mesure d'économie, on a diminué peu à peu les effectifs des Européens entretenus outre-mer, tandis que la prudence interdisait d'opérer semblable réduction dans la métropole, puisque les troupes coloniales qu'on y entretient doivent, non seulement assurer le service de la relève, mais encore fournir les renforts dont on pourrait avoir besoin inopinément en cas de troubles dans nos possessions. Les soldats ont été ainsi amenés à faire de plus longs séjours en France. Ils y sont confinés dans les ports de guerre, où les engagés à long terme et les rengagés, connaissant déjà tous les détails du métier et ne trouvant aucun intérêt dans des exercices déjà cent fois répétés, n'ayant presque aucune perspective d'avancement possible malgré tout ce qu'ils pourraient faire (on arrive caporal vers quatre ans de service et sergent entre six et sept) risquent d'autant plus facilement d'être entraînés à chercher des distractions au cabaret qu'ils touchent plus d'argent en primes et en hautes payes. Et un homme qui boit a chance de devenir vite un mauvais soldat et un mauvais sujet.

Les troupes coloniales ne seraient-elles donc pas mieux placées en Algérie et Tunisie, où les engagés et rengagés pourraient tenir la place des hommes du contingent qu'on y envoie chaque année? Elles y trouveraient plus facilement l'emploi de leur activité et y jouiraient d'ailleurs d'un climat se rapprochant plus de celui de nos possessions d'outre-mer, ce qui serait apprécié de beaucoup, tandis que le Trésor économiserait les sommes élevées que coûtent actuellement les longs voyages à travers toute la France occasionnés par la relève coloniale. Malheureusement, cette question d'emplacement des troupes est intimement liée à celle de la fusion des cadres métropolitains et coloniaux, car on ne saurait exiger que des officiers passent leur existence entière hors de France.

En l'état actuel, le commandement des troupes coloniales en France est, d'autre part, rendu très difficile par l'extrême mobilité des cadres. Le plus souvent, les officiers et sous-officiers font à peine quelques mois de service dans un régiment entre deux séjours coloniaux ; il en résulte que les chefs ne connaissent jamais que très imparfaitement leurs subordonnés. Les unités ressemblent à de véritables cinématographes. Il faut l'esprit de corps très vivace qui existe dans cette arme, le prestige dont jouissent un grand nombre de chefs ayant un beau passé militaire et colonial, et aussi les réels sentiments militaires qui animent la grande majorité des soldats et des cadres, pour que ces troupes ne se soient jamais trouvées jusqu'à ce jour au-dessous des missions qui leur ont été confiées.

Avec elles, j'ai fait colonne au Sénégal, au Cambodge, dans les hautes régions du Tonkin et je n'ai jamais eu qu'à m'en louer. Je les ai eues sous mes ordres en Crète et elles faisaient très bonne figure à côté des autres troupes internationales qui étaient des troupes de choix.

En France, j'ai eu l'honneur de commander pendant quelques mois le 8e régiment à Toulon et pendant près de deux ans le 5e régiment à Cherbourg ; ce temps de commandement est un des bons souvenirs de ma carrière. Certes, j'ai eu quelques défaillances individuelles à réprimer, j'ai eu des soucis nombreux, inévitables, je crois, quand on porte un peu haut le sentiment de sa responsabilité ; mais que de joies profondes en sentant combien le cœur de tous ces vieux soldats battait à l'unisson du mien, quand flottait sur les rangs le drapeau, portant dans ses plis, au milieu de victoires coloniales, le glorieux nom de Bazeilles ! Mon rêve de bonheur aurait été alors de faire œuvre de guerre à la tête de ces braves troupes. Je suis sûr que le 5e régiment se serait fait un nom ! Et cela fait oublier bien des petits ennuis de la vie journalière de garnison.

Le 16 mars 1909.

## LES TROUPES COLONIALES AU MAROC

Les troupes coloniales traversent aujourd'hui une phase difficile, mettant en évidence la nécessité de leur réorganisation, que nous signalions il y a bientôt cinq ans.

Nous émettions alors l'avis que la fusion des cadres des troupes coloniales et métropolitaines s'imposait, tous les efforts tentés par les intéressés pour faire disparaître les inconvénients dont on se plaignait, devant fatalement rester jusque-là stériles.

Une bonne organisation des troupes coloniales doit permettre avant tout de recruter sans de trop grandes difficultés tous les éléments qui lui sont nécessaires. Et le Parlement a fort compliqué les données du problème, en décidant, très sagement d'ailleurs, que pourraient seuls être envoyés outremer des soldats volontaires âgés de plus de 21 ans.

Si l'on ajoute, en effet, aux hommes en service aux colonies, ceux qui sont nécessaires pour assurer la relève normale et pour constituer la réserve plus ou moins importante qu'il est prudent d'avoir toujours en France afin de faire face aux circonstances imprévues, c'est un total d'environ 30 000 engagés et rengagés qu'on doit avoir sous les drapeaux.

Avant le vote de la loi du 7 juillet 1900, les bureaux de recrutement envoyant dans les corps de troupe de la marine un très petit nombre de rengagés ou d'engagés volontaires susceptibles de recevoir une désignation coloniale et encore moins d'hommes du contingent, le ministère de la rue Royale chercha à résoudre la difficulté en ouvrant la porte très large aux jeunes gens désirant s'engager à partir de l'âge de 18 ans. Cela permit d'avoir dans les unités de France les effectifs indispensables pour assurer le service et entretenir l'instruction, tandis qu'au contact des camarades rentrant des colonies, beaucoup étaient saisis du désir d'y aller à leur tour et contractaient le rengagement nécessaire. On obtint ainsi un recrutement médiocre pour les unités de France, les hommes qui les composaient étant en majorité trop jeunes, mais le service colonial se trouva assuré. Peu à peu le courant des engagements et rengagements s'établit, et il s'accrut à tel point qu'au moment de l'expédition de Chine il fut possible, en dehors des besoins de la relève, de former 9 bataillons de marche en quelques semaines.

La considération du recrutement détermina beaucoup de bons esprits à écarter toute idée de création d'une armée coloniale dirigée par le ministère des Colonies et à se rallier au projet de rattachement des troupes de la marine à la guerre ; ce dernier département, qui a en mains le service de recrutement, paraissant seul susceptible de leur procurer avec facilité tous les éléments dont elles auraient besoin.

Dès le lendemain de l'organisation des troupes coloniales, le ministère de la Guerre restreignit les engagements volontaires, en n'acceptant plus que ceux contractés dans des conditions telles que les jeunes gens, étant maintenus sous les drapeaux jusqu'à 23 ans, pussent faire un séjour de deux années aux colonies. On faisait ainsi disparaître la masse des jeunes gens, engagés de 3 ans vers 18 et 19 ans, qui devaient être remplacés en principe par des hommes du contingent. La mesure aurait eu un heureux effet si le nombre des soldats provenant du contingent avait été en nombre suffisant, car il est probable que, pareils aux jeunes engagés volontaires de trois ans, ils auraient été à leur tour, au contact des coloniaux, pris du désir de voyager, et auraient formé une nouvelle pépinière de rengagés. Malheureusement il n'en a pas été ainsi. On n'a affecté chaque année aux troupes coloniales qu'un nombre d'hommes très insuffisant, et encore parmi eux y avait-il beaucoup des jeunes gens astreints à une seule année de service, par suite peu tentés de se rengager, et quantité de mauvais sujets, possédant un casier judicaire, dont le maintien sous les drapeaux n'était pas à souhaiter.

Par contre, pendant les premières années les régiments des troupes métropolitaines envoyèrent dans les troupes coloniales une certaine quantité d'hommes ayant demandé à servir outre-mer, tandis que les engagements volontaires de 4 et 5 ans et les rengagements reçus par les bureaux de recrutement se firent plus nombreux.

Le vote de la loi sur le service de deux ans vint aggraver la situation.

Dirigé sur les colonies dès qu'il avait six mois d'instruction, un soldat du contingent astreint à trois ans de service, pouvait être rapatrié après deux ans de séjour outre-mer et libéré en même temps que les jeunes gens de sa classe. Il avait ainsi fait une campagne et un voyage intéressant, sans augmenter la durée de sa présence sous les drapeaux, ce qui était de nature à tenter beaucoup d'esprits aventureux.

Aujourd'hui un homme du contingent ne saurait aller servir aux colonies, sans se rengager au moins pour quelques mois.

D'autre part, les troupes métropolitaines ont aujourd'hui besoin, elles aussi, d'engagés volontaires et de rengagés en assez grand nombre, et il est naturel qu'elles s'efforçent de conserver tous ceux qui, ayant le goût du métier militaire, désirent prolonger leur temps de présence sous les drapeaux au delà des deux années exigées par la loi.

Enfin, il faut ajouter que la difficulté toujours croissante d'arriver dans les troupes coloniales au grade de sous-officier ou même de caporal et d'obtenir la médaille militaire, éloigne d'elles à la fin de leur premier engagement beaucoup de sujets et des meilleurs, découragés par la perspective de rester simples soldats pendant de longues années.

Il n'est par suite pas surprenant que la difficulté de se procurer le nombre d'engagés et de rengagés nécessaire devienne de jour en jour plus grande.

Mais une bonne organisation des troupes coloniales ne doit pas seulement permettre leur facile recrutement, il est encore nécessaire qu'elle prévoie des cadres tels que les officiers, les sous-officiers et caporaux aient, entre deux séjours coloniaux, un temps de repos en France suffisant pour rétablir leur santé. Il faut par suite entretenir dans la métropole des cadres proportionnels à ceux qui sont en service outre-mer. Une partie des officiers, sous-officiers et caporaux de France sont utilisés à l'encadrement des unités des troupes coloniales qui y sont en service, le surplus est placé à la suite des corps.

L'entretien de ces cadres à la suite, qui ne rendent pas de services immédiats, et n'existent que pour permettre d'assurer la relève dans de bonnes conditions, entraîne de lourdes dépenses et il est naturel qu'on s'efforce d'en diminuer la charge.

Alors que les troupes chargées de la défense des colonies relevaient de la rue Royale, le bureau des troupes de la marine n'avait dans ses attributions que les questions d'organisation et de personnel, tandis que le bureau de la solde était chargé du budget. Sans doute pour des raisons d'économie ce dernier obtint que les cadres à la suite fussent progressivement diminués et même presque supprimés ; il en résulta vers 1897 une crise grave, à laquelle l'initiative parlementaire mit seule fin, en créant les cadres de relève nécessaires.

Les décrets d'organisation des troupes coloniales élaborés au ministère de la Guerre en 1901, se basant sur les effectifs en service aux colonies, ont prévu, pour tous les grades, l'entretien en France du nombre d'éléments nécessaire pour assurer la relève dans des conditions satisfaisantes. Les gradés en surnombre étaient mis à la suite des unités.

Mais peu à peu, par suite des considérations budgétaires, on a été amené à s'écarter des principes primitivement admis. Lors de la création des derniers bataillons indigènes en Afrique occidentale, il n'a été prévu aucun cadre de relève et, pour les 6 bataillons d'infanterie coloniale envoyés au Maroc, les cadres ont été simplement prélevés sur ceux existant en France. Les conséquences de ces dispositions sont faciles à prévoir. Les gradés et les hommes repartant sans avoir eu le temps de rétablir leur santé sont des proies désignées pour la fièvre et l'anémie.

La campagne du Maroc a mis en lumière ces inconvénients.

Les trois divisions d'infanterie coloniale ont fourni difficilement les 6 bataillons de marche qui leur avaient été demandés, et il ne reste dans les corps que très peu d'hommes susceptibles de concourir au service de la relève. S'il devenait nécessaire d'envoyer sur un point quelconque plusieurs bataillons de renfort, il semble douteux qu'elles puissent les fournir.

Les troupes coloniales ont fait admirablement leur devoir comme toujours, elles se sont montrées pleines d'entrain et solides au feu, mais elles n'ont pas donné, dit-on, les mêmes preuves d'endurance, elles n'ont pas résisté aux fatigues de la campagne de la même manière qu'au Tonkin et à Madagascar; le nombre des malades et des décès a été considérable.

Ces soldats de métier, qui font merveille dans les pays sénégalais, soudanais, malgaches, annamites dont ils ont l'habitude, dont ils connaissent les habitants et les mœurs et dont beaucoup même parlent la langue, se seraient trouvés, assure-t-on, presque dépaysés en arrivant au Maroc, ne connaissant ni l'Algérie ni les Arabes, pas plus que les habitudes des soldats d'Afrique à côté desquels ils combattaient.

On peut en conclure que si l'occupation du Maroc exige, comme il est probable, de longs et sérieux efforts, il est douteux que les troupes coloniales puissent y rendre les services qu'on est en droit d'attendre de ces troupes d'élite, à moins de se décider à les réorganiser, en admettant, comme nous l'avons dit, la fusion des cadres des troupes métropolitaines et coloniales.

Le recrutement serait alors notablement facilité, la question si délicate des cadres de relève ne se poserait plus, et la plus grande partie des troupes coloniales, stationnées normalement en Algérie, y acquéreraient vite l'expérience des pays arabes.

Il serait regrettable de ne pas tirer tout le parti possible des merveilleux éléments que renferment les troupes coloniales et qui se développeront encore le jour où le Parlement leur donnera ce qui leur manque : une organisation rationnelle.

Le 30 septembre 1911.

---

# LA DÉFENSE DES COLONIES

La guerre russo-japonaise qui ensanglante l'Extrême-Orient a remis à l'ordre du jour la question de la défense des colonies. Cette question est particulièrement grave et importante pour nous, car si la République a conquis un vaste et magnifique domaine colonial, malgré la vive et constante opposition des partisans d'une action française uniquement continentale, il lui faut maintenant le conserver sous peine de donner raison à ces adversaires ; et l'histoire nous enseigne malheureusement qu'en fait de colonisation il est souvent plus difficile de conserver que de conquérir.

La commission d'enquête de la marine a commencé, paraît-il, ses travaux par l'étude de la défense des colonies. Cela ne nous a pas surpris. En dehors de la nécessité d'assurer la défense de nos possessions d'outre-mer, des points d'appui sérieux ne sont-ils pas indispensables à une flotte pour exercer son action au loin ?

L'organisation des flottes, leur composition, leur puissance doivent dépendre en partie du rôle qu'elles sont appelées à jouer au point de vue de la défense des colonies.

La sécurité des colonies ne saurait, d'autre part, reposer entièrement sur l'action de la flotte, à moins que ces possessions ne se trouvent à l'abri de toute attaque du côté de la terre et qu'elles ne soient assurées de l'efficacité du concours de la marine, ce qui exige la maîtrise indiscutable de la mer. Pour les puissances n'ayant pas cette maîtrise, et c'est le cas de la France, il faut prévoir l'éloignement des escadres du théâtre des opérations pendant un temps plus ou moins long, leurs échecs partiels ou même leurs défaites. La défense locale des colonies, à l'aide des ressources dont elles disposent, doit donc être organisée avec grand soin et pour chacune d'elles on doit, en tenant compte de son importance, des attaques à prévoir, des ressources locales, du concours plus ou moins rapide et plus ou moins énergique qu'on peut espérer des escadres, donner à l'organisation de cette défense le développement nécessaire.

Il ne faut pas hésiter à avoir recours dans une très large mesure aux travaux de fortification. Dans une lettre de 1806, relative à la défense de la Dalmatie, Napoléon s'exprime ainsi à ce sujet : « On a demandé dans le siècle dernier si les fortifications étaient de quelque utilité. Quant à moi, je renverserais la question et je demanderais s'il est possible de combiner la guerre sans des places fortes et je déclare que non. Sans des places fortes de dépôt, on ne peut pas établir de bons plans de campagne et sans des places que j'appelle de campagne, c'est-à-dire à l'abri des hussards et des partis, on ne peut pas faire de guerre offensive. »

Ces principes, vrais pour l'Europe, le sont beaucoup plus encore pour les colonies. En Europe, on a en effet des armées nombreuses, généralement de forces à peu près égales, dont le rôle est d'opérer en rase campagne, et pour lesquelles on peut craindre l'attirance qu'exercent les places fortes. Aux colonies, au contraire, on a des effectifs réduits, qui risquent d'être souvent bien inférieurs à ceux des assaillants, et les ouvrages de fortification, seuls, peuvent alors rétablir l'équilibre des forces. Ils inspireront d'autre part une heureuse confiance aux populations dont la fidélité pourrait être douteuse et permettront de mettre à l'abri de toute surprise des approvisionnements d'autant plus précieux qu'on ne saurait souvent les renouveler.

Qu'on examine le rôle de Kimberley et de Ladysmith dans la guerre Anglo-Boer ; ces deux places n'ont-elles pas sauvé peut-être d'un désastre les armées anglaises en retenant sous leurs murs, dans la première partie de la guerre, les Boers victorieux, et n'ont-elles pas plus tard facilité considérablement l'offensive anglaise en lui servant de points d'appui ?

Actuellement, que de difficultés auraient été évitées aux Japonais, si Port-Arthur n'avait pas fait une aussi longue résistance, et combien la situation des armées russes aurait été différente de ce qu'elle est si, entre Port-Arthur et Kharbine, il y avait eu 2 ou 3 grandes places bien approvisionnées, vigoureusement défendues, capables de couvrir la retraite des troupes sur les points choisis pour la concentration de l'armée et pouvant appuyer leurs mouvements en avant le jour où elles seraient à même de reprendre l'offensive !

En nous inspirant de ces différentes considérations, nous voudrions indiquer comment doit être assurée, à notre avis, la sécurité de nos différentes possessions d'outre-mer.

Parmi nos colonies, certaines (l'Inde, la Côte des Somalis, Saint-Pierre et Miquelon, Taïti) sont dépourvues de tous moyens de défense. Les dépenses qui auraient été nécessaires, de ce chef, ont paru tout à fait hors de proportion avec le but à atteindre.

D'autres (Nouvelle-Calédonie, Martinique, Guyane, Guadeloupe, Réunion) ont vu diminuer progressivement, depuis quelques années, les effectifs des troupes qui y tenaient garnison. Quelques compagnies et batteries y ont été maintenues, elles sont destinées à former le noyau autour duquel viendraient se grouper, en cas de guerre, les milices locales levées pour la défense du territoire. Il n'existe dans ces colonies aucun ouvrage de défense ayant actuellement une valeur militaire réelle. Ceux qui devaient être créés à la Nouvelle-Calédonie et à la Martinique, désignées pour servir de points d'appui de la flotte, ont été ajournés jusqu'à ce jour, en raison de l'insuffisance des crédits.

Presque toutes les troupes dont on disposait, ainsi que les ressources budgétaires prévues pour la défense des colonies, ont été affectées à nos trois grandes possessions de l'Indo-Chine, de Madagascar, de l'Afrique Occidentale, dont l'importance et la richesse exigeaient plus impérieusement la mise en état de défense sérieuse et rapide.

Nous examinerons successivement l'organisation de la défense de ces trois colonies.

Le 18 septembre 1904.

---

## LA DÉFENSE DE L'INDO-CHINE

De toutes nos colonies, l'Indo-Chine vient certainement au premier rang. Il suffit malheureusement de jeter les yeux sur une carte pour se rendre compte des difficultés que présente sa mise en état de défense.

Notre possession est bornée au Nord par la Chine ; les régions montagneuses du Tonkin sont limitrophes des 3 provinces chinoises du Quang-Tong, du Quang-Si et du Yun-Nan.

Pendant de longues années, des bandes de pirates chinois facilement recrutées parmi les anciens « Pavillons Noirs » et parmi les soldats chinois libérés ou en congé, ont fait de fréquentes et nombreuses incursions sur notre territoire, enlevant les femmes et les enfants, rançonnant les villages et les brûlant au besoin.

M. le Gouverneur général de Lanessan fit cesser ce fâcheux état de choses, en organisant les territoires militaires et en créant de nombreux petits postes frontières qui s'appuyèrent sur la population des hautes régions, bien armée par nos soins et groupée en certains cas dans des villages fortifiés. Les pillards n'osant plus, dès lors, s'attaquer aux villages placés en territoire français, se retournèrent contre les leurs et, depuis, sous le nom de boxers ou de rebelles, commirent leurs déprédations exclusivement en territoire chinois.

Mais le danger n'est que momentanément écarté. Les éléments de désordre existent, toujours nombreux, au delà de la frontière, et ils peuvent avoir avantage un jour à recommencer leurs incursions au Tonkin, par exemple en cas de guerre avec une puissance étrangère qui les encouragerait et les soudoierait, en leur fournissant des armes et des munitions. Nous pourrions alors voir des bandes de pirates envahir de nouveau notre territoire, malgré la neutralité apparente de la Chine. Les inconvénients sérieux qui résulteraient de ces incursions pourraient se transformer en danger grave si les populations de la région montagneuse, très braves et très dures à la fatigue, se trouvant insuffisamment appuyées et protégées par nous, venaient apporter aux bandes l'appoint de leur concours.

A l'Ouest, notre frontière du côté du Siam a toujours été relativement tranquille. Il n'existe pas, en effet, sur cette frontière, comme sur celle de la Chine, une nombreuse population flottante dans laquelle les bandes de pillards peuvent facilement se recruter ; mais le gouvernement siamois nous est aujourd'hui plutôt hostile et nous n'avons pas de ce côté de solides confins militaires, avec une population bien armée sur laquelle nous puissions nous appuyer dans le cas où des détachements de troupes siamoises viendraient à envahir notre territoire.

La mer baigne le Sud et l'Est de nos possessions d'Indo-Chine, les côtes sont facilement abordables en un grand nombre de points et leur grande étendue rend très difficile une mise en état de défense.

Le Tonkin, l'Annam et la Cochinchine sont séparés par des obstacles naturels, tels qu'on ne peut guère communiquer de Cochinchine au Tonkin que par mer et qu'on doit envisager séparément la défense de ces trois colonies.

La population annamite est douce, obéissante, mais peu expansive. En apparence, elle accepte facilement notre domination, mais il est difficile de savoir ce qu'elle pense en réalité et quelle serait son attitude en cas de guerre, surtout contre une nation de race jaune.

Ajoutons que de nombreux Chinois sont établis au Tonkin et en Cochinchine, et qu'ils pourraient devenir un élément hostile en cas de danger.

Jusqu'à ces dernières années, l'Indo-Chine semblait n'avoir à redouter que les incursions plus ou moins sérieuses de bandes chinoises ou siamoises et l'attaque de corps de débarquement en cas de guerre avec une puissance européenne ; l'organisation de la défense préparée en vue de cette double éventualité semblait suffisante.

Aujourd'hui, il ne saurait en être de même. Le Japon vient de se révéler grande puissance maritime et militaire ; c'est désormais un facteur nouveau et de grande importance, dont doivent tenir compte toutes les nations qui ont des intérêts ou des colonies en Extrême-Orient. Nous ne sommes pas de ceux qui voient dans le Japon un ennemi de la France ; nous avons même été, il y a quelques années, partisan de lier nos intérêts avec ceux de cette puissance, persuadé que la chose aurait été avantageuse aux deux pays et très facilitée par les relations antérieures toujours fort cordiales : mais le vieux proverbe : *Si vis pacem para bellum,* n'en est pas moins vrai. Sans supposer que le Japon ait, actuellement, les moindres vues sur l'Indo-Chine, on peut admettre que l'idée, la tentation de s'emparer de cette magnifique possession, vrai grenier à riz et si proche de Formose, aura d'autant moins de chances de naître que sa conquête exigerait plus d'efforts.

Le jour où l'impossibilité de mettre une colonie importante et riche en état de résister à l'agression d'une puissance adverse est bien reconnue, mieux vaut s'en défaire, car tôt ou tard cette puissance, tentée par la richesse de la proie, par la facilité de la conquête, ne résistera pas au désir de s'en emparer en profitant d'une occasion favorable. Aussi, tout en pensant que l'Indo-Chine n'a pas à craindre d'être attaquée par le Japon, nous estimons que la défense de la colonie doit cependant être organisée comme si cette attaque devait se produire.

Le Japon, dont on connaît l'admirable armée, dispose d'une flotte commerciale considérable qui lui donnerait les moyens de transport nécessaires pour jeter en quelques jours, sur les côtes de l'Indo-Chine, une armée de 80 à 100 000 hommes. Pouvons-nous entretenir dans cette colonie un corps d'occupation suffisant pour qu'il ait chance de résister, en rase campagne, efficacement ou même sérieusement à une pareille attaque? Nous ne le pensons malheureusement pas.

Si l'on suppose que le débarquement d'une armée japonaise serait suivi, ainsi qu'il est vraisemblable, de la pénétration de bandes chinoises à travers nos frontières, on est amené à conclure que les effectifs actuels du corps d'occupation, pour pouvoir faire face à ces redoutables adversaires, devraient être considérablement augmentés, peut-être triplés ou quadruplés.

L'Indo-Chine possède une population nombreuse qui fournit de bons soldats, il serait donc facile de créer de nouvelles unités indigènes, mais en même temps, pour ne pas modifier la proportion des troupes indigènes par rapport aux troupes européennes, ce qui serait très imprudent, on devrait augmenter parallèlement les effectifs de ces dernières. Cette mesure exigerait d'énormes sacrifices budgétaires annuels, auxquels on ne saurait consentir.

Il faut donc, à notre avis, renoncer à l'idée que les troupes d'occupation pourront être de force à s'opposer au débarquement de l'ennemi ou à le battre en rase campagne peu après son débarquement et à le rejeter à la mer. Il faut admettre que la flotte seule peut être à même d'assurer efficacement la défense de la colonie, sinon en protégeant ses côtes de manière à empêcher tout débarquement, du moins en coupant les communications de l'ennemi débarqué, qui, privé alors de tout ravitaillement en armes, munitions, etc., serait forcément assez vite dans la plus fâcheuse situation. N'est-ce pas véritablement Nelson qui, en gagnant la bataille navale d'Aboukir, a empêché la conquête de l'Égypte? Le rôle essentiel des troupes stationnées en Indo-Chine, aidées par la station navale locale, les défenses fixes et les défenses mobiles, doit être d'opposer la plus vive résistance afin de conserver à tout prix, jusqu'à l'arrivée des escadres d'Europe, les ports de guerre qui serviront de points d'appui aux flottes quand elles arriveront en Extrême-Orient et qui leur sont indispensables pour se ravitailler et se réparer. Elles devront défendre avec la même énergie les quelques places fortes situées à l'intérieur de la colonie, en des emplacements judicieusement choisis, et dans lesquels seront réunis, à l'abri de toute attaque, les ressources de la défense : arsenaux, magasins, ateliers, hôpitaux, ainsi que les grands services de la colonie.

Cela ne veut pas dire que toutes les troupes doivent être réunies, dès le début des hostilités, dans les places fortes. Le corps d'occupation devra évidemment s'efforcer de mettre obstacle au débarquement de l'ennemi et s'opposer à sa marche dans l'intérieur du pays, mais il devra le faire avec prudence, sans trop s'engager, de manière que la retraite sur les places fortes lui soit toujours assurée. Le commandant en chef ne perdra pas de vue l'importance capitale de ces places-dépôts, qui sont comme le réduit de la défense de la colonie où les troupes peuvent venir se reformer, se rallier, soit pour s'y enfermer, soit pour reprendre la campagne, où les flottes venues en Extrême-Orient trouveraient tout ce qui leur est nécessaire.

Tant que ces places existent, les troupes peuvent avoir perdu des combats, mais n'ont essuyé que les pertes ordinaires de la guerre. Tant qu'elles existent, les troupes peuvent ressaisir la victoire, ou du moins retenir sous leurs murs un nombre d'assaillants triple de celui des assiégés et donner à la Patrie le temps de faire arriver des secours ou d'obtenir la paix par des victoires remportées sur un autre théâtre d'opérations.

Tant que les places ne sont pas prises, le sort de la colonie n'est pas décidé et l'immense matériel attaché à la défense n'est pas perdu.

La défense de Port-Arthur montre de quelle longue résistance sont capables les places bien fortifiées, dont la défense a été bien préparée et qui sont vigoureusement défendues. On peut donc espérer que les ports de guerre de l'Indo-Chine et les places de l'intérieur pourraient tenir jusqu'à ce que les escadres d'Europe intervinssent et se rendissent maîtresses de la mer en coupant les communications des ennemis débarqués.

Ce système de défense ne demanderait pas une sérieuse augmentation des effectifs actuels des garnisons de l'Indo-Chine, mais il exigerait, sans compter quelques forts d'arrêt, la création de 4 grandes places de guerre fortifiées suivant toutes les règles modernes : 2 ports de guerre, l'un au Cap Saint-Jacques, en Cochinchine, l'autre au Tonkin, et deux places fortes à Saïgon et à Hanoï ou dans les environs de cette dernière ville.

On réunirait, bien entendu, en Indo-Chine, tous les éléments de défense fixe et de défense mobile nécessaires pour contribuer, dans les meilleures conditions, à la défense des ports et pour gêner les opérations de débarquement.

Le sort final de la guerre serait entre les mains des escadres d'Europe. De Marseille à Saïgon, il y a 7 300 milles, mais de Diégo-Suarez à Saïgon, il n'y en a que 4 000 ; les escadres pourraient donc d'abord se rendre à Diégo-Suarez pour s'y ravitailler, faire du charbon, se réparer au besoin, et de là, se porter sur les côtes de l'Indo-Chine.

La distance de Diégo-Suarez à Saïgon n'est pas même le double de celle du port le plus rapproché du Japon à Saïgon (2 200 milles de Nagasaki à Saïgon). La ligne de communication de notre escadre appuyée sur cette place serait donc à peine deux fois plus longue que celle des Japonais. Si elle n'était appuyée que sur Toulon, elle serait 3 fois et demie plus longue.

Cette manière d'envisager la défense de nos possessions de l'Indo-Chine, est, je crois, la seule pratique et logique. Elle exige la création de 4 grandes places fortes, création qui occasionnera une première dépense très sérieuse, mais cependant possible ; elle demande la supériorité sur mer que nous pouvons espérer avoir encore longtemps vis-à-vis du Japon. Il serait d'ailleurs dangereux, tant qu'il n'y aura pas de fortifications sérieuses en Indo-Chine, de songer à y envoyer en cas de guerre, les escadres d'Europe, car notre corps d'occupation risquant fort d'être anéanti en quelques semaines, les escadres auraient chance de se trouver dans l'impossibilité de se ravitailler en arrivant sur le théâtre de la guerre.

Le 21 septembre 1904.

---

## LA DÉFENSE DE MADAGASCAR

Notre possession de Madagascar a l'avantage, commun à toutes les îles, d'être relativement facile à mettre en état de défense, puisqu'il n'y a pas de frontière terrestre à garder et que les attaques par mer, seules à prévoir, exigent des débarquements de troupes toujours difficiles à opérer.

D'après sa situation géographique, cette colonie ne semble avoir chance d'être attaquée que par des forces relativement faibles, surtout si on les compare à celles qui pourraient menacer l'Indo-Chine; d'autre part, elle est beaucoup plus à portée des secours, la distance de Diégo-Suarez à Marseille n'étant que de 5 900 milles, tandis que l'on en compte 7 300 en ligne directe de Marseille à Saïgon.

L'île présente la forme d'un ovoïde allongé, mesurant 1 580 kilomètres dans sa plus grande longueur et 580 kilomètres dans sa plus grande largeur; elle a une superficie notablement supérieure à celle de la France.

Les côtes ont une étendue d'environ 5 000 kilomètres ; elles présentent un aspect très différent sur la côte orientale et sur la côte occidentale. La première, constamment balayée par le grand courant sud-équatorial qui vient s'y briser, soumise aux vents du large, conserve une direction rectiligne, rarement rompue dans son uniformité. Cette conformation du littoral fait que la plupart des ports sont de simples rades foraines, ne pouvant offrir aux navires que des abris précaires et peu sûrs en cas de gros temps. La seconde, au contraire, est découpée de promontoires nombreux, de vastes rades et de profonds estuaires ; on peut y trouver de très bons mouillages, mais la navigation exige sur cette côte une grande vigilance et de bons pilotes, car les récifs et les bancs y sont nombreux jusqu'à une grande distance du littoral.

Tout au nord de l'île se trouve la magnifique baie de Diégo-Suarez, susceptible d'offrir un excellent mouillage aux plus puissantes escadres. Elle communique avec l'Océan Indien par un étroit goulet, ce qui permet d'en défendre facilement l'entrée.

Madagascar est traversée du Nord au Sud par un système montagneux considérable, d'origine volcanique, sensiblement parallèle à la côte Est, dont il est beaucoup plus rapproché que de la côte Ouest. Les deux versants sont aussi différents par leur aspect que par leur étendue. Le versant oriental, étroit et tourmenté, est coupé de chaînes abruptes et de gorges profondes ; le versant occidental, d'une grande étendue, est constitué par de vastes plaines qui, des bords du plateau central, descendent graduellement jusqu'aux rivages du canal de Mozambique. Le plateau central comprend la partie de l'île la plus élevée ; il a une altitude de 1 000 à 1 200 mètres.

Tout autour du bloc de montagnes qui couvre le centre de l'île court une ceinture de forêts de largeur et de composition variables. Les forêts de l'Est, composées de grands arbres des différentes espèces tropicales, présentent presque partout d'inextricables enchevêtrements de lianes, de palmistes et de fougères arborescentes ; les forêts de l'Ouest ont l'aspect de taillis et de fourrés buissonneux généralement très épais.

Tamatave et Majunga sont, en dehors de Diégo-Suarez, les deux seules villes importantes du littoral. Construites sur le bord de rades foraines, elles sont le point de départ des deux seules routes qui conduisent sur le plateau de l'Emyrne et aboutissent à Tananarive.

La route de Majunga, suivie par l'expédition française lors de la conquête de l'île, et aujourd'hui presque abandonnée, traverse des terrains marécageux ; elle est très difficile. Celle de Tamatave, plus courte, est la vraie voie de pénétration ; cette route aujourd'hui carrossable, et sur laquelle circulent des automobiles, sera bientôt doublée par le chemin de fer.

La population de l'île qui s'élève à environ 3 000 000 d'habitants, est très inégalement répartie dans les diverses régions de la colonie. Elle se divise en une vingtaine de peuplades, souvent subdivisées elles-mêmes en tribus, ayant entre elles des différences assez profondes qui s'expliquent quand on passe en revue l'histoire malgache avec les immigrations africaines et asiatiques survenues à différentes époques. Les habitants sont en général doux et parfois craintifs, indolents et paresseux. Ils n'ont que rarement les qualités voulues pour faire de bons soldats, ce qui a rendu longtemps difficile le recrutement de nos troupes indigènes. Néanmoins, cette situation va en s'améliorant et on trouve chaque année un nombre croissant d'engagés volontaires parmi les Sakalaves qui ont un passé guerrier, les Baras, les Antandroy, les Antaisakas et les Antankaranas.

Le nombre des colons français est relativement élevé; ils pourraient fournir un appoint sérieux à la résistance, en cas de besoin.

Par suite du défaut complet de communications entre Diégo-Suarez et l'intérieur de l'île, la question de la défense de chacune de ces deux parties de la colonie doit être considérée isolément, puisqu'elles ne sauraient très probablement se prêter aucun appui en cas d'attaque.

Un adversaire qui voudrait faire la conquête de l'île devrait débarquer à Majunga ou à Tamatave et de là gagner l'Emyrne par une des deux routes que nous avons indiquées. Ce serait une opération difficile, car le terrain se prête bien à la défense, et on pourrait encore augmenter les difficultés par la création de quelques forts d'arrêt en des points judicieusement choisis.

On ne voit pas, du reste, l'avantage réel que pourrait avoir l'ennemi à tenter pareille opération, à moins que la découverte d'un riche sous-sol, par exemple de mines d'or, ne vienne augmenter considérablement la valeur de cette conquête. Il est probable qu'il se contenterait de s'emparer de Majunga et de Tamatave et de bloquer ainsi l'intérieur de l'île sans s'y aventurer.

L'importance que l'ennemi attribuerait sans doute à la prise de Diégo-Suarez serait tout autre, non seulement en raison de sa rade magnifique et de l'action que pourraient exercer dans la mer des Indes les bâtiments ayant ce port de mer comme base d'opérations, mais encore à cause du rôle que doit jouer Diégo-Suarez au point de vue de la défense de l'Indo-Chine, et que nous avons expliqué précédemment. Diégo-Suarez perdu, nos escadres n'auraient plus aucun point de ravitaillement sérieux entre la France et Saïgon, car on ne peut compter sur Djibouti actuellement d'une importance secondaire, ne pouvant être fortifié en raison des dépenses qui en résulteraient et des difficultés que cela pourrait soulever vis-à-vis de l'Angleterre et de l'Abyssinie. Or, envoyer une flotte à 7 300 milles sans point de ravitaillement sur la route, est une opération bien hasardeuse.

D'ailleurs, la réunion à Diégo-Suarez de stocks importants d'approvisionnements, d'un arsenal, d'ateliers de réparations, de bassins, etc., ne saurait qu'augmenter le désir de l'ennemi de s'emparer de cette place importante.

On devait donc s'efforcer de la fortifier sérieusement. C'est ce qui a été fait. Malheureusement, sa défense exigerait une garnison d'un effectif relativement élevé, notablement plus importante que celle qu'on y entretient, très réduite actuellement par mesure d'économie.

En résumé, on doit considérer à Madagascar deux parties complètement distinctes au point de vue de la défense : l'île proprement dite et Diégo-Suarez. La première semble ne pas devoir être très menacée et est relativement facile à défendre. La seconde, au contraire, qui doit logiquement être attaquée vigoureusement par l'ennemi, exigera une garnison assez forte.

La construction de forts d'arrêt destinés à faciliter, le cas échéant, la défense des routes donnant accès au plateau de l'Emyrne pourrait être au moins étudiée. Les ouvrages de fortification de Diégo-Suarez devraient être achevés, améliorés et augmentés, leur armement perfectionné, les magasins et arsenaux abondamment approvisionnés afin de rendre la place aussi forte que possible. Le corps d'occupation de Madagascar qui, pour des raisons budgétaires, a été très réduit depuis deux ans et ne comprend plus qu'une quinzaine de mille hommes dont seulement 3 bataillons européens et 7 batteries, semble cependant encore suffisant pour assurer la défense de l'île, si on tient compte des réserves européennes et indigènes qu'on a organisées. Mais, dès que la tranquillité du pays le permettra, on devrait diminuer les forces réparties dans l'intérieur de l'île pour augmenter celles de Diégo-Suarez, de manière à donner à la garnison de cette place la force nécessaire et indispensable pour lui permettre de faire, le cas échéant, une longue et vigoureuse résistance.

Le 1er octobre 1904.

---

## LA DÉFENSE DE L'AFRIQUE OCCIDENTALE FRANÇAISE

Les possessions françaises de l'Afrique Occidentale comprennent tout le centre africain, c'est-à-dire la partie du continent noir qu'arrose le Niger et que baigne le Tchad, de laquelle se détachent des bandes de territoire aboutissant à la mer, semblables à des rayons partant du centre d'un cercle. Ces bandes de territoire formaient autrefois des colonies distinctes et isolées. Elles sont aujourd'hui soudées à la partie centrale qui les fait communiquer entre elles : ce sont le Sénégal, la Guinée, la Côte d'Ivoire, le Dahomey et le Congo, sur la côte occidentale et le golfe de Guinée. Au Nord, l'Algérie et la Tunisie se rattachent également au centre africain.

Entre la partie centrale et les bandes de terrain allant jusqu'à la mer se trouvent englobées des possessions étrangères, isolées les unes des autres et entourées sur toutes leurs frontières terrestres par notre territoire. Ce sont le Maroc, la Guinée portugaise, les colonies anglaises de la Gambie, de Sierra Leone, de la Côte d'Or et du Bénin, les colonies allemandes du Togo et du Cameroun et enfin l'État indépendant de Liberia.

On voit de suite, au point de vue militaire, les avantages qui résultent de cette disposition de nos possessions par rapport aux territoires voisins. D'un côté, un tout dont les parties peuvent se prêter un mutuel appui ; de l'autre, des portions de territoire isolées, ne pouvant communiquer entre elles que par mer, ce qui nous permettrait, en cas de guerre, de concentrer sur un ou plusieurs points de notre empire africain les moyens d'action dont il dispose, soit pour le défendre, soit pour attaquer.

Le centre africain est plat, très découvert, souvent désert. Sa population est en général très clairsemée, en dehors des rives du Niger ; d'ailleurs, même sur les bords de ce fleuve, les villages sont loin d'être nombreux et offrent peu de ressources. Toutefois, dans cette partie centrale s'élève un massif montagneux très accidenté, fertile et relativement peuplé, c'est le massif formé par le Fouta-Djallon et la région de Kissi, où prennent leur source le Sénégal, le Niger et de nombreux cours d'eau, tributaires de ces deux grandes artères ou côtiers. Cette région est le véritable nœud orographique et hydrographique de l'Afrique Occidentale.

En dehors de Dakar qui présente une belle rade, facilement accessible aux navires du plus fort tonnage, et de Konakry, qui, tout en ayant une importance infiniment moindre, est cependant susceptible de servir d'abri, les côtes de nos possessions sont uniformément basses et rectilignes, sans un port, sans une baie pouvant permettre un débarquement facile. La côte du golfe de Guinée, en particulier, forme une ligne droite, battue toute l'année par de violents courants venant du Sud et qui donnent naissance au phénomène de la *barre* bien connu de ceux qui ont visité cette côte. Le phénomène de la barre et la houle violente du large qui en est la conséquence rendent en tout temps très difficile, sinon impossible, tout débarquement, même de marchandises, devant les localités riveraines non pourvues de wharfs ou d'appontements de grandes dimensions.

A proximité de la côte du golfe de Guinée commence la grande forêt équatoriale, véritable forêt vierge, coupée par quelques chemins et cours d'eau. De rares villages jalonnent les uns et les autres, et les ressources y sont à peu près nulles, ce qui explique les grandes difficultés des opérations faites dans ces régions soit par nous au Dahomey et à la Côte d'Ivoire, soit par les Anglais, dans leur expédition contre les Achantis.

Aussi bien sur la côte de Guinée que sur une grande partie de la côte occidentale, et parallèlement à ces côtes, se dressent des seuils rocheux que les cours d'eau franchissent par des rapides dangereux, ce qui rend toute navigation difficile.

Les populations de l'Afrique Occidentale française nous ont donné en maintes circonstances des preuves de leur dévouement ; elles sont en général guerrières au plus haut degré et ont dans les cadres français la plus entière confiance. Nous trouverions en elles, en cas de guerre, une ressource précieuse, car on peut compter qu'au premier appel tous les anciens tirailleurs et les anciens auxiliaires viendraient se ranger sous nos drapeaux. Nous trouverions, en outre, dans la population, tous les volontaires dont nous aurions besoin.

De cette rapide description de nos possessions d'Afrique, on peut déduire qu'un ennemi quelconque aurait peu de chances de s'en emparer de vive force, à moins de sacrifices hors de proportion avec le but à atteindre, et que par suite une attaque n'est pas à redouter. Le centre africain est, en effet, inabordable par tous les points de la côte, sauf par la voie du Sénégal, et de ce côté nous possédons, comme nous l'avons dit, une région très facile à défendre, réduit naturel, le massif du Fouta-Djallon.

Seuls, les deux points de la côte, Dakar et Konakry, et surtout le premier, ont une importance réelle, capable de susciter un effort sérieux de l'ennemi.

Dakar, qui peut offrir un excellent mouillage à une flotte puissante et nombreuse, n'est situé qu'à 7 ou 8 jours des côtes de France et il constituerait un point d'appui excellent en cas de guerre. Nos escadres devraient pouvoir y relâcher, s'y approvisionner, s'y réparer et s'y abriter en cas de besoin. Cette place servirait de base d'opérations, le cas échéant, à des croiseurs rapides qui, partant de là, pourraient continuellement menacer la voie si fréquentée de l'Atlantique.

Le plan de défense de nos possessions d'Afrique Occidentale comporte donc, en premier lieu et avant tout, la fortification de Dakar, place de guerre point d'appui de la flotte, qu'on devrait rendre aussi forte que possible. La proximité de France qui rend facile l'envoi rapide de renforts en cas de tension politique, et l'existence sur place, parmi les indigènes, d'excellents éléments de réserve, permettent de n'entretenir en temps normal qu'une garnison assez réduite, ce qui présente de grands avantages au point de vue budgétaire.

Il serait également utile de protéger Konakry ; mais de ce côté des travaux sérieux de fortification semblent superflus, sauf peut-être en ce qui concerne les îles de Los, qui nous ont été cédées par le récent accord anglo-français et qui commandent toute la côte.

Dès le début des hostilités, les troupes du Haut

Niger et du Kissi se replieraient sur Konakry et assureraient la défense de ce point en s'opposant à toute tentative de débarquement. Leur tâche serait facilitée par les violents courants qui sillonnent la baie et rendent la navigation difficile. Un bombardement de Konakry semble d'ailleurs improbable, car c'est une ville pour ainsi dire internationale ; l'assaillant n'en retirerait aucun bénéfice et risquerait de soulever de nombreuses protestations et réclamations de la part des puissances neutres.

Quant au soin de résister à une attaque dirigée vers l'intérieur de notre colonie, attaque improbable répétons-le, il reviendrait aux troupes indigènes réparties sur le territoire et renforcées dès le début de la guerre, par de nombreux réservistes ou volontaires. Il suffit d'entretenir en tout temps les stocks d'armes et de munitions qui leur seraient nécessaires.

En cas de guerre, le rôle de nos troupes en Afrique Occidentale ne serait pas simplement défensif, il devrait surtout être offensif.

Les troupes du Haut Niger et du Kissi, après avoir protégé Konakry, pourraient opérer une diversion contre la colonie voisine de Sierra Leone et tenter de s'en emparer. Leurs mouvements seraient rendus faciles par l'excellente route que nous possédons de Konakry au Niger et la voie ferrée en cours d'achèvement.

Dans la région qui avoisine nos colonies du golfe de Guinée, nos troupes, n'ayant guère à redouter un débarquement ennemi, pourraient envahir les colonies voisines et occuper sur le littoral les points présentant quelque importance.

Les troupes du Zinder et du Tchad pourraient envahir le Bénin anglais ou le Cameroun allemand, aidées dans le premier cas par les troupes stationnées sur le Niger jusqu'à Tombouctou, dans le second cas par les troupes du Congo.

Il serait ainsi possible, sans doute, grâce aux forces relativement importantes dont nous disposerions, de nous emparer des possessions étrangères voisines et de conquérir des gages ou des moyens d'échange pour le moment de la signature de la paix.

Le 6 octobre 1904.

---

# NOTRE SITUATION EN INDO-CHINE

En l'an 1368, les habitants du Céleste-Empire songèrent à secouer le joug de la dynastie tartare ; une conspiration fut ourdie, et le quinzième jour de la 8e lune, un billet, caché dans des gâteaux qu'on a l'habitude d'échanger à cette époque, donna le signal d'un massacre général que rien n'avait pu faire prévoir. En une nuit, l'armée tartare, disséminée sur toute l'étendue de l'empire, fut complètement anéantie ; la domination mongole avait pris fin. Cet événement historique ne devrait jamais sortir de la pensée de ceux sur qui repose le soin d'assurer la garde de nos possessions d'Extrême-Orient.

La tentative d'empoisonnement de la garnison d'Hanoï, dont on n'a pas osé poursuivre tous les responsables et que fit seule avorter l'heureuse indiscrétion d'un Annamite chrétien, est un avertissement ; elle doit nous donner à penser qu'une catastrophe semblable ne serait pas impossible le jour où les populations annamites seraient réellement décidées à secouer le joug de notre domination.

On a parlé du péril japonais, puis du péril chinois; certes, les Japonais pourraient, s'ils le voulaient, nous disputer notre empire, mais ils n'ont pas intérêt à le faire, ils s'attireraient l'inimitié de l'Europe ; et la Cochinchine, qui seule a de la valeur pour eux, vaudrait-elle le risque d'une grande guerre?

L'Europe a le tort d'armer la Chine et d'instruire, en ce moment, ses officiers; il est évident que dans un délai assez rapproché, elle sera puissante, par notre faute; mais les Annamites ont toujours lutté contre les Chinois; ils ne pourraient songer à s'allier avec eux que pour nous chasser, dans l'espoir de reconquérir leur indépendance.

On peut être assuré, en effet, que le spectre japonais, le spectre chinois ne sont pas à redouter, au moins pour l'instant ; notre péril, ce n'est pas la Chine, ce n'est pas le Japon, c'est l'Indo-Chine elle-même, le danger n'est pas extérieur, il est intérieur; le mal est en nous, il est chez nous.

Les Annamites, comme les Chinois, savent admirablement garder le secret de leurs sentiments et de leurs projets, et nous ne connaissons pas plus les populations annamites, que nous dominons, que les Tartares du XIVe siècle ne connaissaient les peuples qu'ils dirigeaient.

Quand nous avons conquis le Tonkin, nous avons été accueillis en libérateurs par les populations que nous mettions à l'abri des excès des pillards chinois. Entraînés par leur imagination, les Annamites nous considéraient comme des êtres supérieurs et attendaient tout de nous.

Mais le pays est loin de présenter la richesse de la Cochinchine, et il était impossible de le transformer d'un coup de baguette magique.

D'autre part, ne pouvant administrer directement les populations, nous en laissâmes le soin aux mandarins. Et ceux-ci, insuffisamment surveillés, continuèrent à pressurer les populations, comme par le passé, sinon davantage, en ayant soin seulement de faire croire qu'ils obéissaient à nos ordres, ce qui nous fit supporter aux yeux des Annamites toute la responsabilité de leurs mesures vexatoires.

Enfin, nous vivions complètement à l'écart de la population, ne parlant pas sa langue et ne pouvant nous rendre compte des griefs qui nous étaient adressés.

De là le mécontentement général qui se fit jour en 1890-1891.

M. de Lanessan arriva en Indo-Chine ; il remit tout en état en s'efforçant de faire disparaître les monopoles et en créant les territoires militaires.

Les monopoles supprimés, c'était la population

satisfaite, par la disparition de nombreux abus et l'abaissement du prix d'objets recherchés de la majorité des indigènes.

La création des territoires militaires isolant le Delta de la Chine, c'était pour les pirates annamites l'impossibilité de se ravitailler en armes et en munitions, puisqu'ils ne pouvaient s'en procurer au Tonkin même.

Malheureusement, depuis quelques années, les nécessités budgétaires nous ont amenés à rétablir les anciens monopoles et à en créer de nouveaux qui exaspèrent la population ; tandis que, par économie, l'on a notablement diminué les territoires militaires et groupé dans le Delta du Tonkin la presque totalité des troupes dont l'effectif a d'ailleurs été réduit d'une manière sensible.

Il convient d'ajouter que les victoires des Japonais ont exalté l'orgueil de toutes les populations de race jaune en leur montrant que les Européens ne sont plus invincibles.

Tels sont les motifs de la situation actuelle qui n'est pas sans inquiéter les vieux Indo-Chinois expérimentés.

Je suis de ceux qui estiment qu'on ne saurait espérer conserver toujours une grande colonie en tutelle. Lorsqu'une nation européenne s'empare d'un vaste pays, ce doit être pour le faire bénéficier des bienfaits de la civilisation ; lorsque le but est atteint, l'heure de l'émancipation doit logiquement sonner. Longtemps retenue par les liens de plus en plus légers, la colonie doit reprendre finalement son indépendance, conservant des sentiments de reconnaissance naturelle à l'égard de son ancienne métropole ; c'est l'histoire de l'Angleterre avec les États-Unis, peut-être celle de demain avec l'Australie et le Canada.

Quand une colonie a atteint son plein développement, elle doit avoir son Parlement local et son armée à elle, qui doit être à même d'assurer sa propre défense ; alors, le gouverneur ne doit plus être le représentant d'un ministère, mais celui du pays protecteur.

A mon avis, cette manière de voir s'imposait à nous, au lendemain de la guerre russo-japonaise ; devant le réveil de la race jaune, nous devions penser que l'Indo-Chine voudrait, elle aussi, dans un temps plus ou moins long, réaliser son rêve inoublié d'indépendance.

Puisque nous ne pouvons envoyer là-bas un corps d'armée, nous devons nous préparer à subir plus tard cette éventualité sans que la force ait à intervenir, c'est-à-dire naturellement et de façon que nos anciens sujets conservent un souvenir reconnaissant de notre action sur l'évolution de leur histoire.

L'Annamite a un vif sentiment de sa nationalité :

il ne chercherait jamais d'appui extérieur contre nous s'il était réellement convaincu qu'avec le temps, il arrivera, peu à peu, par nos soins, à l'indépendance.

Si elle avait cette certitude, la population annamite, disposée à nous faire crédit, se lèverait au besoin pour nous aider à défendre son sol avec la dernière énergie.

Que faire aujourd'hui ?

La révolte du De Tham n'est qu'un incident ; ce pirate pris, un autre surgira, si nous ne modifions notre manière de faire.

La racine du mal, c'est la désaffection générale des mandarins et de la population qui commencent à ne plus supporter qu'à contre-cœur notre domination. Nous devons donc nous efforcer de reconquérir à tout prix l'affection et la confiance perdues. Et un mouvement insurrectionnel serait d'autant plus à redouter qu'en dehors des troupes indigènes qui forment près des 2/3 du corps d'occupation, nous avons armé de nombreux miliciens !

Il faudrait envoyer là-bas un homme disposé à se consacrer uniquement pendant un temps assez long au relèvement de l'Indo-Chine ; il faudrait que cet homme fût assez indépendant, ait une situation morale assez haute pour poursuivre l'exécution de toutes les mesures qu'il jugerait nécessaires. Il faudrait aussi, autant que possible, qu'il connût le peuple annamite et qu'il eût pour lui la sympathie qu'il mérite réellement.

Gouverner les Annamites à l'aide de leur génie national, et non contre lui, attacher les populations par ces mille liens qui intéressent les peuples à un état de choses existant, telle serait l'œuvre à accomplir.

Donner des retraites aux fonctionnaires et tirailleurs annamites, placer les emprunts locaux dans le pays, créer des caisses de secours et d'assurances, organiser des mutuelles, des sociétés industrielles, commerciales, agricoles, mixtes, tel est le but. Quand il serait atteint, que d'Annamites considéreraient l'éventualité d'un changement de régime comme une calamité !

On devrait, d'autre part, ne jamais froisser les indigènes inutilement, parler leur langue, écouter leurs doléances, les associer au gouvernement, diminuer le poids des impôts et ne pas hésiter à faire des coupes sombres dans le budget pour parvenir à ce dernier résultat ; enfin, supprimer ces monopoles qui ont donné lieu à des abus dont certains sont monstrueux.

L'annonce seule des dates auxquelles ces monopoles prendraient fin amènerait sans doute une détente dans le pays.

Mais, il faudrait, en outre, que les Annamites

puissent caresser leur rêve d'indépendance, et espérer que ce rêve c'est par nous qu'ils le réaliseront, avec le temps.

Ainsi, ils s'attacheraient à nous par les doubles liens de l'affection et de l'intérêt, et le jour où, dans de longues années, la séparation fatale, inévitable, se produirait, nous perdrions des sujets, mais en conservant des amis, des associés, des clients.

Le Gouverneur qui adopterait ce programme devrait du reste éviter avec le plus grand soin que ses actes de conciliation et de progrès puissent être interprétés par les indigènes comme un signe de faiblesse ou même de bonté.

Les Annamites ne comprennent pas le sentiment de la bonté, en fait d'administration ; et s'ils pouvaient supposer que la faiblesse dicte notre conduite, cette pensée diminuerait encore davantage notre prestige et risquerait de précipiter les événements. Il faut qu'à côté des réformes nécessaires pour ramener à nous les indigènes, ils sentent la force.

Le 7 janvier 1910.

---

## LA COMMISSION D'ENQUÊTE DU CONGO

A la suite des accusations portées contre l'Administration du Congo, le ministre des Colonies a nommé une grande Commission chargée de faire la lumière, du moins on l'assure, sur les nombreux abus imputés à certains fonctionnaires coloniaux.

L'enquête fera ressortir, nous l'espérons, que les faits signalés ont été au moins très exagérés, mais il semble difficile qu'elle innocente complètement l'administration coloniale dont l'organisation défectueuse et les errements sont la source naturelle de presque tous les abus.

Le mode de recrutement des administrateurs est défectueux. Beaucoup n'ont comme titre que de chaudes recommandations politiques. Les autres, reçus au concours à l'École Coloniale, sont presque tous fort intelligents et doués d'un dévouement extrême, malheureusement, ils sont appelés en général trop jeunes à remplir leurs difficiles fonctions, et après avoir reçu en France une instruction sérieuse, mais forcément toute théorique.

Arrivés en Afrique, ils sont parfois détachés seuls dans des régions éloignées, où ils sont investis d'une autorité presque sans limites, puisque sans contrôle effectif.

Pour exercer l'autorité sans être tenté d'en abuser quand on est loin de toute surveillance, il faut non seulement un esprit droit, un caractère ferme, un haut sentiment du devoir, mais encore beaucoup de calme et de pondération. On ne saurait exiger ces qualités de jeunes gens n'ayant encore ni une grande expérience de la vie ni la connaissance des populations qu'ils ont à administrer, et dont le caractère peut parfois être plus ou moins aigri et déprimé par l'isolement et par les maladies terribles si fréquentes sur le sol africain.

Tous les administrateurs coloniaux, particulièrement ceux appelés à servir hors des grands centres devraient être âgés d'au moins 30 ans et autant que possible n'être jamais isolés. Il serait à souhaiter qu'on puisse toujours les grouper par trois, comme cela se faisait en Cochinchine, au début de la conquête de cette colonie ; le premier étant chargé de l'administration, le second de la justice, le troisième du trésor et des impôts. L'Administrateur en premier était alors le chef, le modèle et l'éducateur de ses deux collègues. La tradition et la continuité de vues dans chaque circonscription administrative étaient ainsi parfaitement assurées, les trois administrateurs ne pouvant guère disparaître à la fois ; et on évitait sans nul doute quantité d'abus, car ils n'auraient pu se commettre impunément sans une complicité difficile à admettre.

Toutes les circonscriptions administratives et surtout les plus éloignées devraient être inspectées périodiquement et régulièrement par des fonctionnaires envoyés de France. Les gouverneurs, résidants supérieurs, secrétaires généraux, administrateurs principaux en disponibilité auxquels on pourrait confier ces missions, sont nombreux, et, s'il était nécessaire, on ne devrait pas hésiter à augmenter suffisamment leur nombre.

Il en résulterait un accroissement de dépenses, mais qui serait des plus justifié. Il est impossible d'espérer qu'il n'y aura pas d'abus, là où il n'existe aucun contrôle.

Ajoutons que les fonctionnaires coloniaux ne devraient pas rester trop longtemps de suite en service dans nos possessions d'outre-mer. Actuellement, les Administrateurs du cadre de l'Afrique occidentale et équatoriale passent toute leur existence en Afrique, en dehors des congés de convalescence de quelques mois auxquels ils ont droit tous les trois ans. N'est-il pas à craindre qu'ils finissent par voir toutes choses sous un angle spécial trop exclusivement colonial? Et pour ceux qui passent de longues années dans des postes isolés, presque sans contact avec des Européens, pourrait-on être surpris de voir déteindre peu à peu sur eux le milieu dans lequel ils vivent.

Y aurait-il lieu de s'étonner si parfois alors ce n'était pas le blanc qui entraînait les nègres vers la civilisation, mais bien au contraire ceux-ci qui ramenaient insensiblement leur Administrateur dans le chemin de la barbarie, comme le prétendent les promoteurs des accusations que la Commission d'enquête doit examiner.

Il ne serait possible d'obvier à cet inconvénient qu'en créant, pour les fonctionnaires coloniaux, des cadres de relève semblables à ceux des officiers et sous-officiers des troupes coloniales, de telle sorte qu'après un séjour de 2 ou 3 ans aux colonies, ils restent 18 mois à 2 ans dans la métropole. Et afin d'éviter de grosses dépenses improductives, qui rendraient la réforme impossible, il serait nécessaire d'utiliser ces fonctionnaires coloniaux dans les services de France ou d'Algérie.

Ne trouverait-on pas d'autre part un réel avantage à avoir au ministère des Colonies, dans les bureaux où se traitent les différentes questions relatives à nos possessions, des fonctionnaires qui y ont été et y retourneront, c'est-à-dire doués de l'expérience pratique souvent nécessaire pour bien traiter les questions, et incités à faire ce travail avec d'autant plus de soin qu'ils pourraient avoir à souffrir personnellement plus tard de règlements insuffisamment étudiés?

Enfin, il faudrait renoncer à faire de la colonisation au rabais, comme cela se pratique malheureusement trop souvent. On devrait se rendre compte que la mise en valeur de toute colonie exige forcément des sacrifices importants pendant un temps assez long et agir en conséquence. Occuper administrativement une région, l'ouvrir au commerce sans l'avoir dotée de l'outillage économique nécessaire pour le transport facile des marchandises, c'est forcément ouvrir la porte à de nombreux abus.

Dans l'Afrique équatoriale, il n'y a pas de routes, pas d'animaux porteurs et par suite pas de moyens de transport en dehors du portage par les hommes. Cela est d'ailleurs suffisant dans les pays que nous n'occupons pas effectivement, car les objets à transporter étant rares, les habitants valides, généralement les jeunes gens, exécutent facilement tous les transports qui sont utiles, en conduisant les colis de leur village au village le plus proche. Par contre, du jour où l'Européen prend possession d'une région, la quantité des objets à transporter devient considérable, non seulement pour les besoins des fonctionnaires et des troupes, mais aussi pour ceux du commerce. Les jeunes gens ne pouvant bientôt suffire à cette tâche, on a recours à tous les hommes tant soit peu valides, puis on ne se contente plus de faire transporter de village à village, on emmène souvent les porteurs loin de chez eux, faute d'en trouver d'autres pour les remplacer. On ne peut d'autre part augmenter les salaires dans des proportions suffisantes pour se procurer des porteurs volontaires, car il faut tenir compte des nécessités budgétaires et des intérêts commerciaux ; d'ailleurs, devant la charge si lourde du portage, pourrait-on trouver à n'importe quel prix tous les porteurs dont on a besoin ? Alors on réquisitionne, on impose des corvées. La conséquence est que les villages se vident à l'approche des convois, des détachements, que les porteurs désertent, et qu'on est par suite malheureusement entraîné à user peu à peu des moyens de rigueur qu'on croit indispensables. Tout cela est logique, fatal.

A notre avis, le premier devoir quand on occupe une région nouvelle doit être d'y créer des routes et de se procurer des moyens de transport. On peut employer provisoirement le portage, mais lorsqu'il est volontaire, librement consenti par l'intéressé moyennant un prix convenu d'avance. Et quand on ne trouve pas de porteurs volontaires, on devrait se contenter d'occuper le pays au fur et à mesure que le tracé des routes permettra de se passer du portage. Le jour où l'Administration sera aussi sévère que possible pour elle-même à cet égard, elle pourra et devra l'être également vis-à-vis des colons.

Nous devons amener à nous peu à peu par la douceur, par la persuasion, par l'exemple, les peuples encore peu civilisés, leur faire comprendre notre supériorité, travailler de concert avec eux à la mise en valeur de leur pays et, en bons associés, partager honnêtement et fraternellement les gains de l'exploitation. C'est la seule manière de procéder qui puisse légitimer notre occupation par la force des régions africaines. Si les populations ne devaient pas être plus heureuses après qu'avant la conquête, nous serions sans excuses.

Une grande nation, qui, poussée par l'esprit de lucre, exploite la population de ses colonies, commet une mauvaise action, doublée d'une faute, car tôt ou tard les peuples sauront se soustraire à sa domination du moment qu'elle revêt un caractère égoïste et tyrannique.

Mars 1906.

---

# NOTRE SITUATION DANS L'OUADAI

La malheureuse affaire de Drijelé où le colonel Moll et tant de nos braves soldats ont trouvé la mort n'a surpris aucun des coloniaux au courant des choses africaines.

Il n'a jamais été possible de faire admettre que certaines économies, portant sur les effectifs et le recrutement des troupes indigènes, étaient néfastes, même au point de vue budgétaire, car elles exposaient à des surprises fâcheuses, entraînant pour les réparer des sacrifices souvent considérables. C'est ainsi que tous ceux qui connaissent nos possessions de l'Afrique occidentale ne cessaient de réclamer le renforcement des effectifs dans la région du Tchad.

Au mois de février dernier, à la suite de la surprise de Bir-Taouil, où le capitaine Figenschuh et sa compagnie furent massacrés, on décida cependant la création d'un second bataillon de tirailleurs dans cette région ; mais à l'heure actuelle, il n'a pas encore été constitué, malgré les demandes réitérées du colonel Moll qui, en octobre 1910, à la suite de plusieurs attaques des bandes senoussistes, dont l'une nous avait coûté la vie d'un lieutenant et de 35 tirailleurs, réclamait énergiquement l'envoi de 900 hommes de renfort dont environ un quart d'artilleurs.

Et non content d'économiser sur les effectifs indispensables, on prenait des dispositions de nature à diminuer la valeur des quelques compagnies disséminées sur notre immense territoire. Il fut, en effet, décidé il y a quelques mois que, par mesure d'économie, les compagnies de tirailleurs ne comprendraient plus que trois quarts de Sénégalais, soldats excellents mais dont l'envoi au Ouadaï et l'entretien coûtaient relativement cher, le dernier quart étant recruté sur place, c'est-à-dire parmi les populations indigènes de la région, beaucoup moins braves que celles du Sénégal et encore trop insuffisamment soumises et habituées à notre domination pour nous donner des soldats d'une fidélité éprouvée. Les faits ne tardèrent pas malheureusement à prouver combien étaient justifiées les craintes manifestées à cet égard par nombre d'officiers avisés, à tel point qu'une circulaire du colonel Moll avait engagé ses officiers à montrer une grande méfiance à l'égard des nouvelles recrues. Qui peut savoir la part de responsabilité revenant à ces nouveaux contingents dans l'affaire que nous déplorons ?

Victime de ces fautes, et peut-être aussi de la fatalité, le pauvre Moll, cet admirable chef, est mort aujourd'hui. Il a accompli jusqu'au bout sa destinée de soldat colonial en tombant pour la France, dans ces pays de soleil qu'il avait contribué à lui donner et qu'il aimait tant ! Inclinons-nous devant cette tombe abritée par le drapeau tricolore ; qu'elle ne nous inspire pas des récriminations inutiles pour le passé, mais nous fournisse au moins d'utiles enseignements pour l'avenir.

Sous prétexte de ne pas risquer d'émouvoir l'opinion publique, on ne doit jamais chercher à dissimuler les combats heureux ou malheureux qui se livrent dans nos possessions d'outre-mer. L'opinion publique se rend parfaitement compte que le sang est malheureusement nécessaire pour cimenter les fondations de tout nouvel empire, et quand elle est éclairée, il est facile d'obtenir, en temps voulu, tous les sacrifices budgétaires nécessaires. Si on avait bien connu le massacre de la compagnie Figenschuh en février dernier et les nombreuses attaques des bandes senoussistes qui se sont produites depuis, il aurait été sans doute facile d'obtenir tous les crédits utiles pour solutionner la question du Ouadaï.

On doit renoncer désormais aux mesquines économies quand il s'agit d'assurer la garde de nos possessions lointaines. En Afrique, en Asie, au Soudan comme en Indo-Chine, ayons toujours des forces suffisantes, celles que réclament les chefs qui y commandent et assument la responsabilité de la défense de nos Possessions. Sans parler du sang français qu'on ménagera, le budget finalement s'en trouvera bien aussi, car rien n'est onéreux comme les envois brusques de troupes de renfort, et on est toujours obligé à un moment donné d'en arriver là, quand on n'entretient pas d'une manière normale des effectifs suffisants. Le colonel Largeau ne va-t-il pas partir dans quelques jours avec les 900 hommes de renfort qui avaient été réclamés par le colonel Moll !

Enfin, ayons en France un rouage chargé de la défense des colonies, rouage organisé logiquement, c'est-à-dire comprenant, pour chacune de nos possessions, une section ou un bureau, composé d'officiers ayant tous longuement résidé dans les pays intéressés. Il serait nécessaire que ces officiers eussent servi dans l'infanterie comme dans l'artillerie, dans les services de santé et de l'intendance, de telle sorte qu'on comprenne bien à Paris tous les besoins spéciaux de ceux qui, à des milliers de lieues de la mère-patrie, au milieu d'innombrables difficultés et souvent de constants périls, défendent nos colonies.

Et si nous nous décidions à tirer ainsi profit des enseignements qui se dégagent de cette triste page de notre histoire coloniale, la mort de notre pauvre camarade aurait été fertile en conséquences heureuses pour l'avenir ! Ne serait-ce pas la meilleure manière d'honorer la mémoire de ce grand soldat colonial ?

Le 17 décembre 1910.

---

## LE SERVICE DE DEUX ANS

L'organisation militaire d'un pays doit être en harmonie avec son état social ; l'armée d'une nation démocratique ne saurait donc être calquée sur celle d'une monarchie ou d'un empire.

Dans les pays monarchiques, on a dû, il est vrai, en raison des énormes effectifs exigés par la guerre moderne, substituer aux soldats de métier les hommes du contingent incorporés en temps de paix pendant le nombre de mois nécessaire à leur instruction et rappelés en temps de guerre pour renforcer les effectifs de l'armée active. Mais les officiers et les sous-officiers qui les encadrent forment toujours une caste plus ou moins privilégiée vivant à part, ayant ses mœurs, ses habitudes spéciales.

Dans une République, l'armée doit en quelque sorte être fondue avec le reste de la nation ; on ne doit entretenir, en temps de paix, que le nombre d'officiers et de sous-officiers de carrière indispensables pour donner aux cadres la fixité nécessaire et pour permettre d'assurer l'instruction des recrues. En cas de mobilisation, tous les hommes valides doivent prendre place dans les rangs de l'armée, chacun y occupant une situation telle qu'il y rende le plus de services possible. Abstraction faite des rares individualités qui possèderaient des connaissances particulières, la situation attribuée dans la hiérarchie militaire sera, dans la majorité des cas, proportionnée à celle occupée dans la société; car, pour bien exercer l'autorité, il faut toujours les mêmes qualités.

D'autre part, il faut tenir compte que si, dans un pays monarchique, le chef de la dynastie peut considérer ses troupes comme un instrument offensif, dans une république où les affaires sont entre les mains d'élus de la nation, forcément ennemis de toute guerre agressive, l'armée ne peut avoir qu'un rôle défensif. Dans ce cas, son entretien est comparable à une prime d'assurance qu'on paie pour éviter les conséquences ruineuses d'une catastrophe inopinée. Et il est naturel que, plus le danger semble lointain et peu probable, plus les sacrifices paraissent durs. Or, nous sommes déjà loin de 1870, et beaucoup ne croient plus à la possibilité d'une grande guerre.

On aurait par suite dû modifier peu à peu l'organisation de l'armée pour la mettre en harmonie avec l'état social actuel, et diminuer les charges qui pèsent sur le pays, du fait de la loi militaire. Il n'en a rien été. On a fermé l'oreille à la voix de l'opinion publique ; on s'est enfermé dans une intransigeance absolue sans tenir compte que le moral est le principal facteur de force ; qu'avec les armées nationales, il est essentiel que tous servent avec goût, sans arrière-pensée ; que l'armée ne doit pas seulement être estimée, mais aimée de tous.

Le peuple, voyant qu'on ne voulait rien faire pour alléger ses charges militaires, a presque imposé cette obligation à ses représentants, en manifestant, comme toujours, son désir sous une forme simpliste — réduction du service militaire de 3 à 2 ans — qui sera suivie, si l'on n'y prend garde, par la demande de suppression du service dans les réserves et dans la territoriale.

Il semble qu'on aurait pu arriver à un résultat analogue sans modifier si profondément nos lois militaires et sans se lancer dans un inconnu qui effraie beaucoup d'esprits sages.

N'aurait-il pas été possible de se rapprocher de plus en plus du recrutement régional de manière à éviter que les soldats servissent loin de leurs familles ?

Ne pouvait-on limiter les cas de dispense de l'article 21 aux soutiens de famille réels et effectifs ?

N'eût-il pas été facile d'affecter à la garde de

l'Algérie les régiments coloniaux chargés d'assurer la relève des troupes stationnées aux colonies, et qui sont composés presque exclusivement d'engagés à long terme et de rengagés, et ce, en utilisant dans une large mesure les Européens et les indigènes de notre possession, de telle sorte qu'on n'ait plus besoin d'envoyer des hommes du contingent de France servir en Algérie?

Il ne serait pas moins aisé de ne plus affecter les hommes vigoureux et aptes à faire campagne aux emplois de bureaux des corps de troupe et aux services auxiliaires, emplois qui peuvent être aussi bien remplis par des hommes malingres, aujourd'hui inutilisés...

Diminuer dans la plus large mesure le nombre des soldats ordonnances, en accordant aux officiers qui seront privés de leurs services une indemnité proportionnée ; ouvrir largement la porte aux engagements à long terme et aux rengagements, sont encore des réformes que rien n'empêcherait de réaliser.

On aurait ainsi obtenu une augmentation des effectifs incorporés et une meilleure utilisation des hommes, ce qui aurait permis d'accorder chaque année, à un assez grand nombre de soldats, de longues permissions pour aider leurs parents, particulièrement au moment des moissons et de diminuer, d'autre part, progressivement le temps de service de 3 ans, par l'envoi en congé, en attendant leur libération, des hommes dont la présence sous les drapeaux n'aurait pas été indispensable.

N'aurait-on pas dû exiger des dispensés de l'article 23, comme compensation des avantages qui leur étaient accordés, l'obligation de passer l'examen d'officier de réserve et ensuite de faire tous les deux ans, à ce titre, trois ou quatre semaines de service ? Cette mesure aurait procuré à l'armée les officiers de réserve dont elle manque ; elle aurait légitimé, au point de vue de l'équivalence des charges que doit supporter tout Français, l'exemption accordée aux jeunes gens instruits, et elle aurait amené, entre le corps d'officiers et l'élite intellectuelle de la population, des points de contact avantageux à tous égards.

N'aurait-on pu s'efforcer d'obtenir que les hommes de la réserve et de l'armée territoriale fissent en principe leur temps de service dans la localité où ils sont domiciliés ou aussi près que possible ? N'aurait-on pu également se montrer très large pour les sursis et les dispenses et laisser une grande latitude pour le choix de l'époque à laquelle les réservistes désirent être appelés, en leur permettant au besoin de la fractionner en deux périodes ?

N'aurait-il pas été sage de distribuer en plus grand nombre les récompenses honorifiques, croix, médailles, etc., accordées pour les services rendus dans les réserves, et, après chaque appel, de faire un travail d'avancement pour les sous-officiers comme pour les officiers, de manière que, dans la mesure du possible, le grade attribué à chacun ne fût pas trop hors de proportion avec la situation qu'il occupe dans la vie civile ?

Si on avait adopté ces mesures et d'autres du même genre donnant satisfaction à l'opinion publique, le projet de loi sur le service de deux ans, actuellement en discussion, n'aurait sans doute pas vu le jour.

Ce projet ne nous effraye pas en ce qui concerne le temps de service. Deux années semblent très suffisantes pour former un soldat, un caporal et même un sous-officier, les cadres fixes nécessaires pour l'instruction devant être, d'ailleurs, facilement obtenus par des rengagements ; mais il a l'inconvénient grave de présenter des aléas au point de vue des effectifs. Ces aléas troublent beaucoup d'esprits sérieux, qui estiment que rien ne doit être laissé au hasard quand il s'agit d'une chose aussi grave que la défense nationale. Il aurait été sage de procéder avec méthode en établissant d'abord une loi des cadres. Lorsque les effectifs auraient été déterminés, il eût été alors facile de fixer, sans crainte d'erreur, les moyens de se les procurer en tenant compte du nombre de recrues fournies par les contingents annuels.

Il faut, d'autre part, considérer l'augmentation de dépenses résultant de l'application de la nouvelle loi. Elle sera considérable, si l'on veut réellement avoir sous les drapeaux un nombre suffisant d'engagés et de rengagés à long terme. Il est vrai que beaucoup craignent qu'on ne les trouve pas, fût-ce au prix des plus grands sacrifices.

L'esprit d'égalité absolue n'aura même pas entière satisfaction, car les jeunes gens sortant de l'École Normale supérieure, de l'École forestière, de l'École des arts et manufactures, des Écoles des Mines de Paris et Saint-Etienne, ne feront qu'un an de service comme soldats et quatre mois comme officiers. Ces futurs fonctionnaires sont-ils donc plus utiles à la nation que les industriels, les ingénieurs, les savants, les artistes ? Doivent-ils lui rendre de plus grands services ?

Un Français stationné aux colonies ne fera qu'un an de service dans le corps de troupe qui s'y trouve. Cette mesure bienveillante est dictée, sans doute, par le désir d'encourager la colonisation ; mais les lettres, les arts, les sciences ne méritent-ils pas d'être encouragés au même titre que la colonisation ?

Quant aux hommes réformés pour une cause quelconque, souvent légère, est-il rigoureusement juste qu'ils n'aient aucune charge, qu'ils puissent prendre une facile avance dans leur carrière, sur leurs camarades appelés sous les drapeaux et obligés d'interrompre leurs travaux pendant deux années ?

Cette loi risque, d'ailleurs, de ne pas être aussi populaire qu'on le suppose, car on ne peut guère compter sur la reconnaissance de ceux qui ne feront plus que deux années de service au lieu de trois ; ils trouveront vite la chose toute naturelle. Par contre, toute la jeunesse instruite qui sera obligée d'interrompre ses études pendant deux ans, tous les soutiens réels de famille qui verront les leurs sur le seuil de la misère, malgré les faibles indemnités qu'on pourra leur accorder, tous ceux même qui se verront refuser des permissions de longue durée, supporteront difficilement cette lourde aggravation des charges militaires.

C'est là, selon nous, le grand danger du projet de loi sur le service de deux ans. Il est à craindre, à moins de complications extérieures imprévues modifiant le courant des idées actuelles, que peu de temps après sa mise en application on ne soit contraint, sous une poussée irrésistible de l'opinion publique, de rétablir tout ou partie des dispenses qui existent aujourd'hui, et alors que deviendra l'armée ?

Cette question n'est pas faite, il est vrai, pour arrêter les esprits qui, ne croyant plus à la possibilité d'une grande guerre, prévoient déjà le désarmement général et veulent la transformation de l'armée en milice. Mais elle doit faire réfléchir ceux qui, tout en pensant qu'on doit améliorer nos institutions militaires, estiment qu'une armée forte est indispensable, même pour assurer le maintien de la paix. Si l'Europe a joui, en effet, d'une paix de trente-deux ans, c'est surtout parce que les forces militaires des grandes nations étant sensiblement égales, l'issue d'une lutte serait très incertaine. Le jour où cet équilibre serait rompu, la situation serait modifiée, sans aucun doute, au détriment du plus faible.

Toutes les grandes nations d'Europe ont toujours besoin d'une armée forte, et c'est encore plus indispensable pour une nation républicaine placée en face de monarchies, pour une nation où germent et grandissent des idées qui, en franchissant les frontières, peuvent menacer les intérêts de castes privilégiées et toutes puissantes.

Mars 1903.

---

## LES RENGAGÉS ET LA DIMINUTION DU TEMPS DE SERVICE

La discussion de la loi militaire est ouverte devant la Chambre depuis quelques jours, et il ne semble pas inutile de résumer l'impression qui se dégage des premiers débats.

La très grande majorité du Parlement semble désirer surtout que la loi aboutisse à brève échéance : cela s'explique facilement, car le pays attend avec impatience une réforme qui, à ses yeux, doit représenter un sérieux allégement des charges militaires.

Par contre, on peut être surpris que la même majorité paraisse également d'accord pour adopter presque sans modifications le projet de loi présenté par la commission de l'armée. Pour le comprendre, il faut se rendre bien compte que cette loi n'allège pas, en réalité, les charges militaires de l'ensemble de la nation, puisque les effectifs de l'armée permanente resteront ce qu'ils étaient précédemment ; elle ne fait que déplacer ces charges — en les égalisant — c'est-à-dire en diminuant le temps de service des uns et en augmentant proportionellement celui des autres. De sorte qu'en faisant même abstraction de l'idée égalitaire, très séduisante, qui a présidé à l'élaboration de la loi, celle-ci paraît donner également satisfaction et à ceux qui veulent une armée forte et aux partisans de la substitution des milices à l'armée régulière.

Les premiers pensent que, lorsque tous les hommes auront également passé deux années sous les drapeaux, les réserves et, par suite, les armées, en cas de guerre, présenteront une plus grande valeur qu'aujourd'hui, où plus du tiers des hommes du contingent ne font que dix mois du service. Ils sont d'ailleurs persuadés qu'ils feront œuvre durable et définitive en adoptant le service de deux ans.

Les seconds, au contraire, estiment que l'adoption du projet de loi sera un grand pas fait vers la solution qu'ils rêvent, car ils savent bien que le poids du service militaire paraît de plus en plus dur aux populations au fur et à mesure que les souvenirs de la guerre vont s'éloignant. Sous la pression de l'opinion publique, il a fallu substituer le service de trois ans à celui de cinq ans, puis celui de deux ans à celui de trois ans, ils pensent que de même la question d'une nouvelle diminution du temps de service se posera fatalement un jour ; et ce jour a chance, à leurs yeux, d'être d'autant plus proche que la nouvelle loi réunira dans un égal mécontentement les jeunes gens soutiens indispensables de famille, dont la situation est très digne d'intérêt, et les jeunes gens ayant des professions libérales, qui forment les classes dirigeantes de la nation. Il est si difficile de faire accepter une aggravation de charges aux intéressés, même en invoquant le principe d'égalité! Or, abaisser la durée du temps de service au-dessous de deux ans et conserver une armée régulière est un problème bien difficile à résoudre, peut-être même impossible si la solution n'en est pas préparée longtemps à l'avance.

Il faut reconnaître que ce sont les partisans des milices qui semblent dans la logique. On peut, on doit même à notre avis, considérer comme probable qu'à moins de complications extérieures imprévues la question d'une nouvelle réduction de la durée du service militaire obligatoire se posera à plus ou moins brève échéance, et la loi aurait dû préparer la réalisation, à un moment donné, de cette éventualité dans des conditions telles que la force de l'armée ne fût pas compromise.

Pour arriver à ce résultat, il n'y avait qu'un seul moyen : ouvrir très large la porte aux engagés et rengagés, qui seuls, pourraient permettre de conserver à l'armée la solidité nécessaire et les effectifs suffisants le jour où l'on réduirait de nouveau la durée du temps de service des hommes du contingent. Mais c'est justement parce que ces engagés et rengagés seraient indispensables pour conserver la force de l'armée le jour où l'on abaisserait encore le temps de service, c'est parce qu'ils savent combien il faut de temps pour établir le courant des engagements et des rengagements que les partisans des milices ont cherché d'abord à supprimer ces soldats volontaires, puis à en limiter le nombre le plus possible, en prenant pour prétexte qu'ils ne voulaient pas de soldats de métier, de prétoriens ; comme si les hommes restant au maximum cinq ans sous les drapeaux pouvaient être des soldats de métier ! Ce ne sont, en réalité, que des soldats sachant bien leur métier, et on en a grand besoin, aujourd'hui plus que jamais, avec les perfectionnements de l'armement.

Cette question des engagés à long terme et des rengagés est primordiale ; elle domine toute la loi en discussion.

Si à un moment donné la durée du temps de service, qu'on réduit en ce moment à deux ans, semble de nouveau trop longue, on ne pourra la diminuer de nouveau sans détruire l'armée qu'à la condition de disposer d'un grand nombre d'hommes restant volontairement sous les drapeaux pendant 3, 4 et 5 ans.

Et quoi qu'on en dise, la présence d'un assez grand nombre d'engagés et de rengagés est également indispensable avec le service de deux ans, sinon dans les corps de l'intérieur de la France, du moins dans les corps de couverture destinés à protéger notre mobilisation, si l'on veut que ceux-ci puissent remplir leur rôle, c'est-à-dire être toujours prêts à faire face à une attaque inopinée et brusquée.

Dans les corps de couverture, l'effectif des différentes unités, cadres compris, est aujourd'hui d'environ 175 hommes par compagnie, 160 cavaliers par escadron, 154 canonniers par batterie. Avec le service de deux ans, en tenant compte des déchets inévitables qui se produisent (décès, réformes, etc.) ces effectifs se décomposeront à peu près de la manière suivante :

Compagnie : 9 sous-officiers, 80 caporaux et soldats dans leur deuxième année de service ; 86 caporaux et soldats dans leur première année de service.

Escadron : 8 sous-officiers, 72 brigadiers et cavaliers dans leur deuxième année de service ; 78 brigadiers et cavaliers dans leur première année de service.

Batterie : 10 sous-officiers, 68 brigadiers et canonniers dans leur deuxième année de service ; 76 brigadiers et canonniers dans leur première année de service.

De sorte que, si la guerre éclatait entre le moment de la libération d'une classe et celui où la classe suivante est suffisamment instruite pour marcher, nos unités de couverture ne disposeraient, y compris les cadres, que de 89 fusils par compagnie, 80 sabres par escadron, 78 canonniers par batterie (sans tenir compte des indisponibles par suite de maladie, etc., qui viendraient encore diminuer ces chiffres). Ce serait absolument insuffisant pour permettre une résistance sérieuse.

Avec le régime actuel du service de trois ans nous disposons encore, au moment de la libération d'une classe, d'environ 99 hommes par compagnie, 124 hommes par escadron, 91 hommes par batterie. Et c'est déjà presque insuffisant par rapport aux unités allemandes, dont tous les sous-officiers sont rengagés et qui, dans les corps de la frontière, contiennent de nombreux Kapitulanten et engagés volontaires de quatre et cinq ans.

Il faut donc forcément avoir, dans les unités de couverture, de nombreux engagés et rengagés pour ne pas diminuer leur force. Si l'on admet que leur nombre doive être de 40 à 50 par unité, ce qui ne semble pas exagéré, cela représentera un total de 35 à 40 000 soldats de métier pour l'ensemble des troupes de couverture, fortes d'environ quatre corps d'armée et trois divisions de cavalerie.

On voit donc qu'il est de première importance

à tous égards d'avoir des engagés et rengagés, et d'en avoir beaucoup.

Or, d'après le texte de la loi en discussion, leur nombre sera forcément très limité, et il est à craindre que des considérations budgétaires ne viennent encore en imposer la diminution.

L'effectif de l'armée active, d'après les derniers budgets, était en effet de 575 000 hommes. En déduisant de cet effectif les 155 000 officiers et hommes de troupes représentant la partie fixe de l'armée et les troupes d'Algérie (26 000 officiers; 29 500 sous-officiers rengagés; 24 500 gendarmes; 75 000 hommes en Algérie-Tunisie), on voit qu'il ne reste dans les rangs que 420 000 caporaux et soldats. Si donc les deux contingents annuels donnaient chacun 210.000 hommes à incorporer, on ne pourrait plus avoir un seul engagé ou rengagé servant au delà de deux ans, à moins de dépasser les effectifs budgétaires actuels. Or, l'effectif moyen d'une classe peut être évalué à 215 000 hommes.

Il y a là un inconvénient capital, qu'il importe de signaler.

Le projet de loi sur le service de dix-huit mois, déposé par M. de Lanessan, permettait de l'éviter, et c'était, à notre avis, un de ses plus grands avantages. On comprend néanmoins que la discussion de ce projet aurait aujourd'hui pour conséquence de retarder la solution si vivement attendue de l'abaissement de la durée du temps de service, et c'est sans doute pour ce motif qu'il n'a pas été défendu devant la Chambre par son auteur ; mais il est fort possible que ce soit la solution de demain.

Il semble d'ailleurs facile de faire disparaître l'inconvénient que nous venons de signaler, et qui, redisons-le, est capital, en se contentant de modifier légèrement le texte du projet de loi en discussion.

Il suffirait, d'une part, de ne pas limiter le nombre des rengagements des caporaux et soldats, de l'autre, de permettre de ne pas dépasser les effectifs budgétaires, malgré la présence d'un nombre plus ou moins considérable d'engagés et de rengagés, en laissant la faculté au ministre d'envoyer en congé renouvelable un certain nombre d'hommes du contingent, suffisamment instruits, se trouvant dans leur seconde année de service.

Les hommes qui bénéficieraient de cette faveur seraient désignés à la suite d'un tirage au sort fait dans chaque corps et auquel participeraient d'abord les soutiens indispensables de famille, puis les sous-officiers ayant passé l'examen d'officier de réserve, mais avec l'obligation pour ces derniers d'accomplir plus tard, comme officiers de réserve, le temps de service nécessaire pour compléter intégralement leurs deux années de présence sous les drapeaux.

Ainsi le principe d'égalité serait respecté. On pourrait entretenir sous les drapeaux les engagés et rengagés dont on a absolument besoin, et cela sans grandes dépenses, puisque l'économie réalisée du fait de l'envoi en congé renouvelable des soutiens indispensables de famille (0 fr. 75 par jour) compenserait en partie ce qui serait dépensé en primes d'engagement et hautes payes. Enfin, le recrutement des officiers de réserve, qui laisse aujourd'hui à désirer, se trouverait notablement facilité.

17 juin 1903.

---

# VERS LE SERVICE D'UN AN

Le projet de loi sur le service de deux ans ne laisse pas que de troubler beaucoup de bons esprits. Presque tout le monde cependant semble reconnaître la nécessité d'alléger les charges du service militaire, supportées moins facilement par les populations, au fur et à mesure que s'effacent les souvenirs des événements de 1870 et que l'éventualité d'une nouvelle guerre paraît moins à redouter. D'autre part, il est aujourd'hui généralement admis que deux années sont très suffisantes pour permettre de former un soldat.

Quant aux aléas que peut présenter, au point de vue de la diminution des effectifs et de l'augmentation des dépenses, la substitution du service de deux ans à celui de trois ans, ils ne semblent pas être tels qu'ils puissent contre-balancer l'avantage que présentera pour une partie de la population la diminution du temps de service à passer sous les drapeaux.

Mais des législateurs prudents ne doivent pas

seulement considérer les résultats immédiats de leur œuvre, ils doivent prévoir ses conséquences futures. Or il est à craindre que l'application du service de deux ans, pour tous, sans aucune exception, n'aboutisse logiquement, dans un temps plus ou moins long, au service de dix-huit mois ou même d'un an, à moins de complications extérieures imprévues.

Au cours des discussions qui ont eu lieu au Sénat, les adversaires du projet de loi ayant prétendu que son adoption serait funeste pour notre organisation militaire, le ministre de la Guerre et ses partisans affirmèrent, au contraire, qu'on obtiendrait une armée beaucoup plus forte que par le passé; mais tous semblèrent admettre que le poids du service militaire serait en réalité plus lourd pour l'ensemble de la nation avec la nouvelle loi militaire qu'avec l'ancienne. On ne répondra donc pas en réalité à la pensée du pays qui désire, qui attend un allégement de ses charges. Étant donné qu'il en trouve aujourd'hui le poids trop lourd, il est peu probable qu'il admette longtemps d'en supporter un plus considérable.

Les idées d'égalité absolue imposant à tous sans exception la même charge, idées qui ont inspiré le projet de loi, lui donneront sans doute une popularité éphémère. Mais celle-ci risque de se dissiper lorsque la voix de ceux qui bénéficieront de la diminution d'une année de service et qui, d'ailleurs, trouveront vite la chose naturelle, sera dominée par les protestations des jeunes gens se destinant aux carrières libérales, dont les études seront entravées, et par celles de tous les déshérités de la vie pour lesquels une nouvelle charge très dure viendra s'ajouter à celles qui les écrasent déjà,

On sera tenté, pour ces deux classes très différentes de la nation, de remanier la loi que l'on demande aujourd'hui aux Chambres de voter. Le principe d'égalité absolue inscrit au frontispice de cette loi ne pouvant disparaître, ce sera donc la substitution du service d'un an à celui de deux ans qui sera réclamée pour tout le monde.

Or, si le brusque passage du service de trois ans à celui de deux ans présente des aléas, ils ne sont rien à côté de ceux qui résulteraient de l'adoption du service d'un an dans les mêmes conditions.

L'anéantissement de nos forces militaires pourrait en être la conséquence, car une solution pareille, qui cependant n'est peut-être pas impossible, ne saurait être obtenue que comme une conséquence d'une série de mesures préalables ne pouvant produire leur effet qu'avec le temps.

Le service d'un an exige, d'une part, que l'instruction militaire susceptible d'être donnée aux jeunes gens avant leur incorporation soit assez développée pour qu'une année passée sous les drapeaux permette d'en faire de bons soldats; de l'autre, qu'on puisse se procurer le nombre de rengagés et d'engagés à long terme nécessaire pour permettre d'assurer un noyau fixe à l'armée, et d'atteindre, avec le nombre des hommes de la classe incorporée chaque année, les effectifs nécessaires.

Or on ne peut prévoir le nombre d'années qui serait nécessaire pour établir le courant d'engagements et de rengagements dont on aurait besoin, ainsi que pour développer suffisamment les moyens d'instruction militaire des jeunes gens avant leur arrivée au régiment.

Il semble que la nouvelle loi militaire devrait s'inspirer du but qu'on sera peut-être amené à atteindre, et prévoir, dès maintenant, toutes les mesures nécessaires pour y parvenir de telle sorte qu'au fur et à mesure qu'elles produiront leur effet, la durée du temps de service puisse, si le législateur le juge utile, être abaissée progressivement à deux ans, dix-huit mois et même un an sans s'exposer à aucun à-coup ni aléas trop considérables.

Quelles seraient les mesures à prévoir?

Il faudrait d'abord reviser la loi des cadres, et arrêter au chiffre jugé nécessaire les effectifs à entretenir en temps de paix en France.

Ceci fait, on ouvrirait largement la porte aux engagements et rengagements, en limitant pour les caporaux et soldats la durée totale maximum du service dans l'armée active à cinq ou six années, de manière à retrouver, dans les réserves, un nombre d'anciens soldats et de gradés suffisant pour assurer la solidité de nos troupes au jour de la mobilisation.

D'autre part, on prendrait toutes les dispositions utiles pour encourager les sociétés de tir, d'escrime, de gymnastique où les hommes peuvent recevoir un commencement d'instruction militaire avant leur arrivée au régiment.

Les effectifs de l'armée ne devant pas dépasser les chiffres prévus par la loi des cadres, le ministre de la Guerre devrait, quand ces chiffres seraient atteints, renvoyer par anticipation dans leurs foyers les hommes de la dernière classe, sous la seule réserve qu'ils satisfassent à un examen d'instruction militaire.

Ainsi, automatiquement, au fur et à mesure que le nombre des engagés volontaires et rengagés augmenterait, les hommes du contingent resteraient moins longtemps sous les drapeaux, jusqu'à ce qu'ils n'y fassent plus qu'une année de service.

L'abaissement du temps de service, étant ainsi fonction du nombre d'engagés et de rengagés présents sous les drapeaux, dépendrait en grande partie de la volonté du Parlement,

Appelées à voter les crédits nécessaires pour le paiement des primes et hautes payes, les Chambres en règleraient le chiffre d'après le nombre d'engagés et de rengagés qui serait jugé nécessaire pour abaisser la durée du service obligatoire. Dès à présent, on prévoit que l'abaissement du temps de service à deux ans entraînera une dépense supplémentaire d'environ 35 millions au minimum; or cette somme permettrait de donner 500 francs de prime et haute paye par an à 70000 rengagés.

On objectera peut-être qu'on aurait ainsi une armée de prétoriens, laquelle à un moment donné pourrait devenir dangereuse pour nos institutions nationales. Mais peut-on réellement considérer comme prétoriennes des troupes qui comprendraient toujours une moitié de leurs hommes ne restant qu'un an sous les drapeaux et dans lesquelles les plus anciens soldats n'auraient guère que cinq ans de service, ce qui était, il n'y a pas encore longtemps, la durée normale du temps de service de la majorité des citoyens.

Du reste, il est évident que c'est dans les corps de l'Est et du Sud-Est, c'est-à-dire dans nos troupes de couvertures, que serait incorporé le plus grand nombre de rengagés.

Le danger semble donc bien chimérique que pourraient redouter les adversaires du maintien sous les drapeaux d'un assez grand nombre d'engagés à long terme et de rengagés.

Une loi rédigée dans l'esprit que nous venons

d'indiquer, tout en s'inspirant des idées d'égalité et de justice, ne laisserait place à aucun aléa ; elle permettrait de concilier deux choses qui semblent également nécessaires : le maintien d'une armée forte et l'allégement progressif des charges militaires actuelles.

Novembre 1903.

---

# LE SERVICE DE DEUX ANS EN FRANCE ET EN ALLEMAGNE

Un des chauds partisans de la loi sur le service de deux ans a critiqué assez vivement les observations que nous avions faites au sujet des conditions d'infériorité dans lesquelles nous mettrait, par rapport à l'Allemagne et particulièrement en ce qui concerne les corps de couverture, l'application de cette loi, telle qu'elle est soumise au vote du Sénat.

« Quand la loi de deux ans sera adoptée en France, conclut-il, nous nous trouverons sur le pied d'égalité avec les Allemands au point de vue du temps de service des troupes à pied et de l'artillerie montée. Rien de plus, rien de moins.

« Les Allemands ont conservé, il est vrai, leur ancien service de trois ans pour les hommes de la cavalerie et pour ceux de l'artillerie à cheval.

« C'est même cette considération qui a dû amener notre ministère de la guerre à demander que l'on admette, dans nos troupes à cheval, la présence d'un certain nombre d'hommes rengagés, afin de renforcer les unités quand le service de deux ans sera mis en pratique.

« N'oublions pas d'ailleurs que nous possédons sur l'Allemagne des avantages qui ont leur prix, au début d'une campagne, pour les gens qui accordent une importance particulière à cette question de la cavalerie. Nos divisions de cavalerie indépendante sont organisées dès le temps de paix, tandis qu'en Allemagne il n'existe qu'une seule unité de ce genre, les autres divisions n'étant formées qu'au moment de la mobilisation, etc...

« Est-il permis de soutenir dans ces conditions que le service de deux ans nous mettra, à un moment quelconque, à la merci d'une attaque brusquée ? »

Il semble utile de nous étendre un peu sur ce point important de la question et de le bien préciser.

M. le commandant Martin et M. le capitaine Pont ont publié en 1903, sous la direction de l'état-major de l'armée, un ouvrage intitulé : *L'Armée allemande*, dans lequel nous puisons les renseignements suivants :

Page 66 : « Pour l'homme incorporé, la durée de service est de 7 ans dans l'armée active et sa réserve, soit deux ans dans l'armée active et cinq ans dans la réserve pour l'homme versé dans les armes autres que la cavalerie et l'artillerie à cheval, ou trois ans dans l'armée active et quatre ans dans la réserve pour l'homme qui accomplit son service dans la cavalerie ou l'artillerie à cheval. »

Et à la page 68 : « Ces durées du service ne sont pas toujours rigoureusement appliquées ; les hommes astreints au service de trois ans peuvent, dans certains cas, être renvoyés au bout de deux ans en congé à la disposition (dispositionsurlauber) et, inversement, les hommes du service de deux ans peuvent être maintenus sous les drapeaux une partie de leur troisième année ; cette prolongation leur compte alors comme une période d'instruction. »

Il faut ajouter que le service de deux ans dans les armes autres que la cavalerie et l'artillerie à cheval n'est qu'un essai, fait d'abord pendant la période comprise entre le 1er octobre 1893 et le 31 mars 1899, puis prolongé, toujours à titre provisoire, jusqu'en 1904. Et il est probable que le gouvernement allemand a trouvé que le système du service de deux ans, qui présente cependant pour lui le grand avantage de permettre le passage sous les drapeaux d'un nombre d'hommes beaucoup plus considérable, ne pouvait cependant continuer à être appliqué, même aux corps non montés, qu'avec un correctif, car la loi militaire du 25 mars 1899 prévoit la création de soldats d'infanterie, d'artillerie montée et du train n'ayant que deux ans de service et consentant à servir une troisième année.

L'article 2 de l'exposé des motifs de cette loi s'exprime ainsi à cet égard : « Les exigences, toujours croissantes, résultant du service de deux ans, imposent des fatigues excessives aux sous-officiers. Pour des raisons d'économie, on n'a pas voulu demander l'augmentation de leur effectif, mais il paraît nécessaire d'essayer par un autre moyen de diminuer la tâche qui leur incombe.

« Ce résultat pourrait être obtenu si, dans les troupes où existe le service de deux ans, les hommes ayant les aptitudes nécessaires consentaient à rester une troisième année sous les drapeaux. Ils pourraient, grâce à leur instruction complète, aider utilement les sous-officiers dans l'instruction des recrues, etc... »

Au budget de 1900, les crédits avaient été demandés pour un total de 26 000 de ces rengagés. Ajoutons que ce chiffre a toujours été très loin d'être atteint dans la pratique, probablement parce que les avantages consentis étaient trop faibles (62 fr. 50 de prime de rengagement et 3 fr. 75 de haute paye par mois). Et c'est peut-être en partie pour cela que, dans les milieux militaires allemands, commence à s'établir un courant d'opinion contraire au service de deux ans et qu'on parle de revenir au service de trois ans.

Cependant, l'armée allemande comprend d'autres éléments solides pour bien encadrer les hommes du contingent. Ce sont :

1° Les sous-officiers, qui correspondent à nos sous-officiers et à nos caporaux, puisque le grade de caporal n'existe pas dans l'armée allemande. Tous sont rengagés, et ils sont au nombre de 80 500 (budget de 1901-1902) ;

2° Les rengagés non sous-officiers, qui ont une prime annuelle de 125 francs et la solde de Kapitulant (0 fr. 525 par jour). L'effectif budgétaire de ces rengagés est de 8 200, mais ce chiffre doit être considéré comme un minimum, car le budget spécifie qu'il peut être dépassé, à condition de laisser un nombre égal de vacances dans le chiffre budgétaire des gefreité ;

3° Les engagés volontaires. On peut s'engager en Allemagne à partir de 17 ans ; les engagements sont reçus pour trois ans dans les troupes à pied, pour quatre ans dans la cavalerie et l'artillerie à cheval.

Nous voyons, à la page 96 de l'ouvrage l'*Armée allemande*, qu'en 1900 il y a eu 25 175 engagés volontaires de 20 ans et au-dessus et 21 195 hommes entrés dans l'armée avant 20 ans. Si l'on déduit de ces chiffres 10 à 11 000 engagés volontaires d'un an, il reste environ 36 000 engagés, dont le plus grand nombre sont des engagés de trois et quatre ans, répartis dans les corps de la frontière.

Récapitulons : En Allemagne, on fait faire aux hommes du contingent trois années de service dans les corps montés et, jusqu'à nouvel ordre et à titre d'essai, deux années de service dans les corps à pied, avec la possibilité, dans certains cas, de renvoyer avant trois ans les premiers et de maintenir plus de deux ans sous les drapeaux les seconds.

Pour encadrer ces hommes du contingent, on a :

Les sous-officiers rengagés : 80 500.

Les Kapitulant, 8 200 (chiffre minimum).

Les hommes faisant une troisième année de service dans l'infanterie, l'artillerie montée et le train (26 000 reconnus nécessaires et prévus au budget de 1900, mais on ne doit guère en avoir actuellement que 5 000 à 6 000).

Les engagés volontaires qui sont dans leur troisième et quatrième année de service, environ 60 000.

En France, avec le projet de loi voté par le Sénat, tous les hommes du contingent ne feraient plus désormais, à quelque corps qu'ils appartinssent, que deux années de service ; et cette mesure n'aurait pas un caractère d'essai, mais un caractère définitif.

Pour les encadrer, on ne disposerait que de 29 500 sous-officiers rengagés. Il ne faut guère compter en effet sur les engagés volontaires de trois, quatre et cinq ans, non plus que sur les rengagés prévus par la loi en discussion. Nous avons exposé en effet que les 430 000 hommes fournis par les deux classes devant faire leur temps de service intégralement, joints aux 26 000 officiers, aux 29 500 sous-officiers rengagés et aux 24 500 gendarmes, donnent, pour l'armée chargée de la défense du territoire, un effectif de 510 000 hommes, qui en y ajoutant les 75 000 hommes de l'armée d'Afrique est déjà supérieur à l'effectif actuel de l'armée.

Si l'on compare avec impartialité les deux organisations, est-il donc exagéré de dire qu'avec le service de deux ans tel qu'il est prévu, nous serions en mauvaise posture, en cas d'une attaque brusquée ?

Et, de ce que les divisions de cavalerie indépendante ne sont pas organisées effectivement dès le temps de paix en Allemagne comme en France (les trois brigades de cavalerie, le groupe de deux batteries et le détachement des pionniers formant chaque division sont simplement désignées d'avance, et le général qui la commandera est muni d'une lettre de service), peut-on en déduire que nous avons de ce fait un avantage ayant un prix réel? C'est discutable, car le jour où l'Allemagne admettrait que notre organisation est préférable à la sienne sous ce rapport, elle pourrait l'adopter très facilement et presque sans dépenses.

Mars 1904.

---

## L'APPLICATION DE LA LOI SUR LE SERVICE DE DEUX ANS

La loi sur le service de deux ans étant aujourd'hui promulguée, il ne convient plus de discuter ses avantages et ses inconvénients ; on doit uniquement s'efforcer d'en tirer le meilleur parti possible au point de vue du développement de nos forces militaires.

Le passage d'un homme sous les drapeaux a non seulement pour but de lui donner l'instruction nécessaire pour lui faire connaître les détails du métier de soldat, et lui permettre de tirer le meilleur parti de ses armes mais encore et surtout de l'accoutumer à la vie commune avec ses camarades qui partagent aujourd'hui ses fatigues et ses ennuis comme ils devront demain partager ses dangers, de lui inspirer des sentiments militaires et de lui imposer l'habitude de la discipline, sans laquelle il n'y a pas d'armée. Au régiment, les soldats apprennent à se connaître et à s'apprécier, ils s'attachent peu à peu à leurs chefs, à leur drapeau, et de là, naissent la camaraderie et la solidarité qui sont les bases de l'esprit de corps, source féconde de tant de dévouements en temps de guerre.

Avec la réduction progressive du temps de service, il est de plus en plus difficile d'atteindre ce double résultat, aussi devient-il d'une grande importance le rôle que doivent jouer désormais dans notre organisation les sociétés de tir et de préparation militaire. Ces sociétés qui permettent aux jeunes gens de recevoir avant leur entrée au régiment les premières bases de l'instruction, les groupent de nouveau après la libération, et des réunions périodiques entretiennent leur instruction professionnelle en même temps qu'elles resserrent les liens de camaraderie qui les unissent.

De l'autre côté de la frontière, il n'y a guère de ville ou de village important qui n'ait sa société des vieux combattants réunissant autour de son drapeau tous les anciens soldats de la circonscription et contribuant ainsi à entretenir le patriotisme et l'esprit militaire.

Nous devons faire mieux encore, mais pour cela, il sera nécessaire que le département de la Guerre encourage, seconde et dirige au besoin les efforts de l'initiative privée, se montrant d'une grande largesse pour les subventions en argent, les allocations de munitions, et les distributions de récompenses.

Il ne sera pas difficile de créer des sociétés de tir et de préparation militaire dans les villes, qui possèdent en général des ressources plus ou moins importantes. Les organisateurs trouveront d'ailleurs souvent dans les troupes y tenant garnison de précieux concours. Mais le problème est beaucoup plus difficile à résoudre pour les localités de moindre importance et qui sont les plus nombreuses.

Il serait à désirer qu'on pût créer pour chaque canton au moins une société de vétérans militaires, filiale de la société de tir et d'instruction militaire la plus voisine et qui serait subventionnée au besoin par elle ainsi que par le ministère de la Guerre.

Ces sociétés de vétérans grouperaient les anciens soldats, particulièrement ceux qui font encore partie de la réserve et de la territoriale, et les jeunes gens qui n'ont pas encore passé sous les drapeaux. Ces derniers recevraient autant que possible par les soins de leurs aînés les premiers éléments d'instruction militaire. Périodiquement, les sociétés de vétérans se rendraient au stand de la société d'instruction militaire dont elles sont filiales pour exécuter des tirs.

Toutes les réunions des membres de ces sociétés, même celles qui n'auraient pas un motif purement militaire, contribueraient à atteindre le but poursuivi : rapprocher le plus souvent possible des hommes qui en temps de guerre seraient appelés à combattre côte à côte.

On ne saurait oublier, en effet, qu'avec la répartition régionale des réserves et de la territoriale, les hommes d'un même village ont toutes chances de faire partie des mêmes unités en cas de mobilisation.

Et ce sera un motif pour que les officiers et sous-officiers appartenant aux réserves, qui ont grand intérêt à bien connaître les soldats qu'ils commanderaient au jour du danger, ne se désintéressent pas de ces sociétés de vétérans ni des sociétés de tir et d'instruction militaire et qu'ils en fournissent pour ainsi dire les cadres.

Il est vrai sans doute que beaucoup de ces gradés habitent dans des villes plus ou moins éloignées des petites localités et des campagnes où demeurent les hommes affectés à leurs unités, mais néanmoins, il semble qu'on devrait trouver dans toutes les circonscriptions un nombre suffisant d'officiers et de sous-officiers de réserve pour permettre l'organisation des sociétés que nous préconisons. N'est-il pas présumable que les autorités militaires, si vivement préoccupées aujourd'hui de tout ce qui touche à la mobilisation, s'efforcent non seulement de placer dans les mêmes unités les hommes de chaque commune, de chaque canton, mais encore d'avoir autant que possible dans ces contingents une grande partie des caporaux et des sous-officiers nécessaires pour les encadrer? D'ailleurs un très grand nombre des agents du gouvernement répartis sur tout le territoire, entre autres les fonctionnaires des contributions indirectes, ne proviennent-ils pas en grande partie des anciens militaires auxquels la loi a réservé un emploi civil? Et presque tous les instituteurs, étant donnée leur instruction, ne doivent-ils pas quitter l'armée au moins comme sous-officier?

Les éléments instructeurs et les bonnes volontés ne feront pas défaut, il importe seulement de trouver une volonté persévérante qui sache les utiliser au mieux des intérêts de l'armée.

Nous sommes d'ailleurs persuadés que les efforts faits dans ce sens seront largement récompensés un jour. Les sociétés de vétérans, les sociétés de tir et d'instruction militaire doivent être le commencement et le prolongement de l'armée active. Plus on réduira le temps de service actif, plus leur importance doit grandir logiquement.

Nous avons expliqué d'autre part que le service de deux ans nous plaçait chaque année dans une situation difficile au moment de la libération de la classe, les unités contenant alors dans leur effectif plus de la moitié de jeunes soldats non instruits. Et ce fait peut présenter un danger réel pour les corps de couverture, stationnés le long de la frontière et exposés à une attaque inopinée et brusquée.

La meilleure manière d'obvier à cet inconvénient est d'augmenter dans la plus large mesure le nombre des engagés volontaires de 3, 4 et 5 ans et des rengagés ; mais il ne faut pas se dissimuler les difficultés qu'on éprouvera à en recruter un nombre important. Si les jeunes gens, séduits par une existence d'aventures, s'engagent volontiers dans les troupes coloniales et les troupes d'Afrique avec l'espoir de faire campagne, il est peu probable qu'il en soit de même quand il s'agira de tenir garnison dans une des villes de l'Est.

Toutefois le résultat n'est pas impossible à atteindre avec de la volonté et de la persévérance. Nous avons pu constater dans les troupes coloniales, à l'époque où leur recrutement cessait d'être assuré par des hommes du contingent, combien il était difficile d'établir le courant des engagements et rengagements ; cependant, après de longues années d'efforts, on a obtenu enfin des résultats satisfaisants.

Un des principaux obstacles était le discrédit qui frappait l'homme servant pour de l'argent. Souvent des soldats, aimant réellement le métier militaire et n'ayant aucune profession susceptible d'assurer leur existence après leur libération, refusaient de contracter un rengagement, uniquement par amour-propre, par crainte des railleries de leurs camarades.

Aussi est-il nécessaire de relever la situation des rengagés, en les traitant en soldats d'élite, ce qu'ils doivent être d'ailleurs en réalité. C'est dans ce but qu'on leur a donné un insigne spécial honorifique, qu'on leur confie tous les emplois de confiance et que des permissions leur sont accordées avec grande facilité. Et nous ne voyons pas pourquoi on ne créerait pas pour eux une médaille des services militaires qu'on accorderait dans une certaine proportion aux très bons sujets se trouvant dans leur 4e ou 5e année de service ; ce serait le meilleur des stimulants et il n'entraînerait pas de fortes dépenses pour le budget. J'avais jadis dans un but semblable donné l'idée de la création d'une médaille coloniale, devant être accordée aux très bons soldats ayant 4 années de séjour effectif aux colonies, malheureusement, elle ne fut pas adoptée.

La situation morale créée dans leur corps aux rengagés fera autant pour les attirer et les retenir que les avantages matériels. Bien entendu ces derniers ont cependant une grande importance. La haute paye journalière permettant à l'homme de se procurer plus de bien-être, ainsi que les primes d'engagement et de rengagement, devront varier suivant que la garnison sera plus ou moins recherchée.

Les emplois obtenus à la sortie du régiment sont

également un puissant attrait. Beaucoup de jeunes gens seraient sans nul doute tentés de faire une, deux ou trois années de service supplémentaire, s'ils étaient absolument assurés qu'à ce prix ils pourront, au moment de leur libération, se procurer un bon emploi dans les services publics, les chemins de fer ou même dans les grandes entreprises industrielles jouissant d'un monopole accordé par l'État, et qu'en tous cas ils obtiendront toujours cet emploi de préférence à ceux qui ont fait seulement les 2 années de service exigées par la loi.

Mais il faudra dans nos corps de couverture un très grand nombre de rengagés pour que, joints aux soldats ayant un an de service, ils représentent un effectif permettant d'entrer immédiatement en campagne afin de résister à une attaque imprévue qui se produirait au moment de la libération d'une classe. Et il est douteux qu'on puisse les obtenir avant longtemps, même au prix de sacrifices pécuniaires considérables.

Quelles dispositions doit-on adopter jusque-là?

Certains officiers ont, paraît-il, émis l'idée de recourir, pendant les trois mois qui suivent l'incorporation des recrues, à des appels échelonnés de réservistes, de manière à donner aux unités le nombre de fusils et de sabres jugé nécessaire pour leur permettre d'agir efficacement le cas échéant.

Nous ne saurions être partisan de ce procédé qui aurait pour résultat d'astreindre presque tous les réservistes de l'Est à un ennuyeux service de garnison pendant leur période d'appel, les mettant dans l'impossibilité de prendre part aux grandes manœuvres, ce qui serait très nuisible à leur instruction militaire. D'autre part, privés de leur appoint de réservistes, à l'époque de ces manœuvres, les régiments n'auraient plus les effectifs suffisants pour qu'elles soient intéressantes et instructives. Enfin, la réduction à deux ans de la durée du temps de service à faire dans l'armée active a chance d'être suivie d'une diminution de la durée des périodes d'appel de réservistes et, si on la ramène à une quinzaine de jours, comme c'est possible, la mesure préconisée paraîtrait réellement impraticable. A peine pourrait-on l'admettre comme palliatif dans une circonstance exceptionnelle, si on se trouvait inopinément dans un cas de tension politique pouvant se terminer par une guerre à brève échéance. Nous estimons d'ailleurs que cette éventualité est peu probable, car nos voisins comprennent sans doute trop bien l'avantage qu'on peut tirer d'une attaque imprévue et brusquée pour ne pas avoir recours à ce procédé le jour où ils seraient réellement décidés à nous faire la guerre.

Nous pensons donc que nos corps de couverture

devraient être considérés comme des troupes presque sur le pied de guerre, toujours sur le qui-vive et par suite ne recevant pas de recrues.

A notre avis, chaque bataillon, escadron et batterie entrant dans la composition de ces corps devrait être pour ainsi dire accouplé avec deux autres unités similaires choisies dans les corps de l'intérieur de la France. Au moment de la libération d'une classe, les unités de l'intérieur enverraient à leur unité correspondante de la frontière le nombre d'hommes ayant un an de service nécessaire pour y remplacer les soldats libérés, et elles recevraient en place, au moment de l'incorporation de la nouvelle classe, les jeunes gens du contingent désignés par le recrutement pour servir dans leur unité frontière. Les unités de l'intérieur instruiraient ces recrues et, six mois plus tard, les enverraient à l'unité de la frontière aux lieu et place des hommes qui y auraient été détachés au moment de la libération de la classe et qui rentreraient alors à leur corps respectif.

Ainsi, pendant les six mois qui suivraient la libération de la classe, les corps de couverture ne seraient composés que d'hommes ayant au moins un an de service. Leurs unités correspondantes de l'intérieur comprendraient, par contre, seulement un quart de soldats ayant une année de service et trois quarts d'hommes nouvellement appelés.

L'instruction des recrues devrait par suite y être l'objet d'un soin tout particulier.

En cas de mobilisation pendant cette période, les hommes détachés dans les corps de la frontière seraient remplacés numériquement à leur unité d'origne par des réservistes.

Si on craint de trop affaiblir ainsi les corps de l'intérieur, on pourrait accoupler les unités de la frontière avec 3 ou 4 unités de l'intérieur au lieu de 2.

Ce système aurait l'inconvénient d'enlever aux officiers des corps de troupe de la frontière le soin de donner à leurs soldats la première instruction militaire et les premières notions de discipline. Mais il semble que cet inconvénient ne saurait être mis en balance avec l'avantage considérable d'avoir des corps de couverture toujours prêts à marcher et celui de faire passer dans ces régiments d'élite un grand nombre de soldats des corps de l'intérieur qui en tireront certainement grand profit.

Décembre 1905.

# QUELQUES RENSEIGNEMENTS SUR LA GUERRE RUSSO-JAPONAISE

Les premières opérations de la guerre russo-japonaise ont déjà donné lieu, dans la presse européenne, à de longues dissertations sur les fautes de stratégie ou de tactique qui auraient été commises par les deux armées en présence. Nous aurions désiré pouvoir y joindre notre modeste avis, mais les renseignements venus du théâtre des opérations sont trop vagues, trop incomplets pour que nous estimions pouvoir exposer une opinion militaire raisonnée à leur sujet.

Il faut, en effet, se montrer d'autant plus prudent en pareille matière qu'on est naturellement porté, après les grandes guerres, à vouloir tirer parti des leçons qui semblent s'en dégager pour modifier plus ou moins les méthodes de combat. Il est donc important de ne pas risquer d'égarer l'opinion publique en répandant des idées erronées, et pour cela, en même temps qu'on discute les événements d'une campagne, il paraît nécessaire de faire ressortir les causes particulières inhérentes à la nature du pays ou des troupes engagées, qui font que les enseignements en découlant peuvent ou non être généralisés.

La stratégie et la tactique doivent varier avec la région où l'on opère ; il est évident qu'une méthode de guerre qui a pu être bonne au Transvaal serait souvent mauvaise dans une guerre en Europe. Elles doivent aussi se modifier avec la valeur des armées, car, suivant leur recrutement, leur instruction, leur moral du moment, les troupes ont un coefficient de résistance très variable, c'est-à-dire qu'après avoir supporté une somme de fatigues plus ou moins grande, elles ont un besoin indispensable de repos; qu'après avoir perdu, au cours d'un combat, un pourcentage plus ou moins fort de leur effectif dans un temps donné, elles lâchent pied. Il en résulte qu'au point de vue stratégique, telle conception exigeant qu'une division, un corps d'armée, occupe un certain point en un temps donné peut être parfaite si ces troupes ont le coefficient de résistance leur permettant l'effort voulu, au contraire être mauvaise et néfaste si elles n'en sont pas capables. Au point de vue tactique, un mouvement sur le champ de bataille, une attaque pouvant assurer le succès de la journée, mais susceptibles d'occasionner, selon les probabilités, une perte de 10, 15, 20 pour 100 de l'effectif de la troupe qui en est chargée peuvent être tentés si le coefficient de résistance de la troupe est supérieur à ce pourcentage, mais, s'il est inférieur, ce mouvement, cette attaque ne sauraient être risqués sans imprudence, car ils auraient grande chance d'entraîner un échec.

Dans la seconde journée de combat sur le Yalou, la division de la garde japonaise, dissimulée jusque-là, est venue tomber sur le flanc gauche des Russes, en traversant la rivière Aï et un marécage où les soldats nippons s'enfonçaient jusqu'à la ceinture. Cette division était formée sur trois colonnes, c'est-à-dire par masses compactes, et elle ne s'est déployée qu'une fois l'obstacle franchi. Elle a subi de très grandes pertes, mais ses feux d'enfilade ont déterminé la retraite des défenseurs, que la canonnade de l'attaque de front n'avait pu chasser de leurs retranchements.

Ce mouvement, qui a ainsi décidé peut-être du succès des Japonais, aurait-il pu être tenté avec des soldats poussant moins loin le mépris du danger et de la mort ? Et, si cette attaque principale n'avait pu aboutir, quelles auraient été les conséquences de cet échec ?

Ces différentes considérations nous empêchent pour le moment de donner une appréciation sur les opérations stratégiques et sur la tactique des armées en présence, mais il semble, par contre, qu'on peut, dès maintenant, mettre en lumière certains enseignements généraux concernant la préparation à la guerre, le service des renseignements et l'unité de commandement.

Le Japon, qui prévoyait la guerre, l'avait préparée dans ses moindres détails ; aussi sa mobilisation et ses transports de troupes se sont-ils faits dans de bonnes conditions. L'état-major a eu vite à sa disposition les effectifs prévus, permettant de mettre à exécution les plans de campagne arrêtés.

Par contre, la Russie, qui, ne voulant pas la guerre, la considérait par suite comme impossible, n'était nullement préparée à la lutte. Il n'y avait en Mandchourie que des effectifs dérisoires étant données l'étendue du pays et la situation tendue avec le Japon ; et, à proximité de cette province, où, pour des raisons d'ordre diplomatique, il pouvait être difficile d'accumuler des troupes, il n'existait aucune armée de seconde ligne, pouvant en cas de besoin servir de réserve et renforcer rapidement les troupes de Mandchourie. Il n'avait pas été créé, d'autre part, de magasins d'approvisionnements et de matériel de réserve importants. Aussi, le jour où la guerre a éclaté brusquement, a-t-il fallu faire tout venir — troupes de renfort et approvisionnements

— par un chemin de fer à une seule voie, de plus de 8000 kilomètres.

Le service des renseignements était parfaitement organisé par le Japon bien avant la guerre, de sorte que, non seulement l'état-major à Tokio connaissait les moindres détails topographiques du terrain sur lequel on devait opérer le cas échéant, mais il savait encore exactement les forces et les ressources dont pourrait disposer l'adversaire au lendemain d'une déclaration de guerre, ainsi que le temps qu'il lui faudrait pour amener des renforts. Et le vaste réseau d'espionnage dont était couverte la Mandchourie n'a pas rendu sans doute moins de services depuis le début des hostilités, en tenant constamment les Japonais au courant des moindres mouvements de leurs ennemis.

Les Russes, au contraire, semblent avoir négligé plus ou moins cet important service, dont l'organisation d'ailleurs était plus difficile pour eux, en raison des affinités de race entre les Japonais et les Chinois. Ils s'en rapportaient sans doute à leurs excellents cosaques pour les renseigner en cas de guerre ; mais, aujourd'hui, avec l'armement perfectionné dont on dispose, le rôle d'exploration de la cavalerie est beaucoup plus difficile et moins efficace que jadis ; elle ne saurait recueillir des renseignements comparables à ceux fournis par un bon service d'espionnage.

Enfin, l'unité de direction a été assurée, dès le début, chez les Japonais, par l'état-major de Tokio. Du côté des Russes, au contraire, il semble y avoir eu dualité d'attributions entre l'amiral Alexeieff et le général Kouropatkine; or, entre ces deux chefs, il devait fatalement y avoir divergence de manière de voir.

Le vice-roi, qui avait présidé à la création de Port-Arthur, de Dalny, à la fin de la construction du transmandchourien, devait être forcément tenté de défendre son œuvre coûte que coûte et tenir à ne pas l'abandonner à l'armée japonaise sans une lutte sérieuse. D'autre part, les hautes fonctions politiques dont il était investi devaient l'amener à tenir très grand compte de l'impression défavorable que tout mouvement de retraite des Russes ne manquerait pas de produire sur la cour de Pékin et la population chinoise, dont la neutralité était importante. L'amiral n'avait d'ailleurs pas apprécié, sans doute, à sa juste valeur, l'armée japonaise et ne s'était pas rendu compte de ce dont elle était capable; sans cela, il semble que la guerre aurait probablement été évitée ou au moins ajournée, fût-ce au prix des plus grandes concessions.

Le général Kouropatkine, au contraire, homme du métier, connaissant parfaitement la grande valeur de son adversaire, sa parfaite organisation et les ressources immenses dont il disposait, se rendait compte de tous les désavantages de sa situation ; surtout depuis que l'ennemi, complètement maître de la mer, avait toute initiative pour l'attaquer sur un point quelconque, tandis qu'il devait, lui, se tenir sur la défensive de différents côtés. Il dut reconnaître, en outre, la grande insuffisance de ses effectifs et la difficulté de les augmenter ainsi que d'assurer ses approvisionnements à l'aide de la seule ligne dont il disposait, et qui était encore constamment menacée par les bandes de Khounghouses sur une grande partie de son parcours. Il devait, par suite, logiquement avoir la pensée d'abandonner momentanément Port-Arthur à lui-même, de concentrer son armée en arrière. et d'y attendre les renforts venus d'Europe, pour ne prendre l'offensive que le jour où il disposerait des effectifs suffisants et où, les armées japonaises étant toutes débarquées, leur plan de campagne se dessinerait. Une longue période d'expectative au début des opérations pouvait lui paraître d'ailleurs aussi favorable à l'armée russe que défavorable à l'armée japonaise, la première, insuffisamment préparée, pouvant chaque jour voir grossir ses effectifs, tandis que la seconde s'affaiblirait au fur et à mesure que s'allongeraient les lignes d'opérations. Sans compter que l'argent, le nerf de la guerre, pouvait plus vite manquer au Japon qu'à la Russie, un emprunt extérieur étant généralement difficile en temps de guerre, tant qu'on n'a pas remporté un grand succès qui puisse inspirer confiance aux prêteurs.

Quel était le plan le plus sage à suivre? Était-il préférable de se défendre sur place ou de se concentrer en arrière? Il serait délicat de se prononcer, mais ce qui paraît certain, c'est qu'il fallait adopter résolument une des deux manières de faire. Le combat malheureux du Yalou, où une division russe a été accablée par la première armée japonaise, semble avoir été le résultat d'un compromis entre les deux idées directrices, conséquence de la dualité d'autorité.

Une bonne préparation à la guerre permettant à une armée d'entrer à tout moment en campagne avec rapidité et dans les meilleures conditions; un service de renseignements parfaitement organisé, qui, en temps de paix, vous tient au courant de tout ce qui se passe dans les armées voisines et, en cas de guerre, fournit les éléments essentiels d'un sérieux système d'espionnage; l'unité absolue de direction et de commandement dès le début des opérations, sont des facteurs de première importance dans les choses de la guerre.

On a vu qu'à ce triple point de vue les Japonais ont eu sur les Russes une grande supériorité; et c'est sans doute à cela que sont dus, en grande partie, leurs premiers succès, qui pourraient bien être le prélude d'autres plus importants. N'y a-t-il pas là des enseignements très sérieux qu'on ne saurait négliger sans imprudence ?

23 mai 1904.

---

# LA MÉDIATION

On parle beaucoup depuis quelque temps d'une intervention possible des puissances neutres pour essayer de mettre fin à la guerre russo-japonaise. Les uns sont partisans d'une médiation, d'autres y sont hostiles. Au nombre des premiers se trouvent naturellement tous les esprits pacifiques, ennemis des horreurs de la guerre, et de nombreux financiers qui voient dans la conclusion de la paix la hausse des valeurs de bourse et le réveil des affaires ; parmi les seconds figurent ceux qui estiment que le moment d'une médiation n'est pas venu et que d'ailleurs on ne doit pas se mêler, sans y être invité, des affaires des autres.

La question ayant été discutée assez longuement par les principaux organes de la presse européenne, même en Russie, il semble intéressant de se demander si la conclusion de la paix est possible en ce moment, et si elle est désirable au point de vue des intérêts français et russes. On pourra en déduire si une proposition de médiation aurait chance d'être accueillie et si nous avons intérêt à en prendre l'initiative.

La guerre actuelle a été une surprise pour les Russes qui n'y étaient nullement préparés, tandis que les Japonais avaient pris de longue main toutes leurs dispositions pour une rapide et vigoureuse offensive. D'autre part, le théâtre des opérations, tout proche des côtes du Japon, était éloigné de la Russie de dix mille kilomètres, sur lesquels n'existait qu'un chemin de fer à une voie. Il était évident que la première phase de la guerre serait tout à l'avantage des Japonais. Ils pouvaient, en effet, disposer rapidement de troupes nombreuses, bien organisées, dotées de tout le matériel nécessaire, leur donnant une supériorité écrasante sur les faibles effectifs russes disséminés en Mandchourie, qui ne pouvaient que très lentement être renforcés et dotés de l'énorme matériel indispensable pour tenir campagne.

Aucun de ceux qui, connaissant la situation réelle, étaient à même de se rendre compte de l'infériorité momentanée des Russes à tous les points de vue, ne pouvait donc être surpris de leurs premiers revers : ils auraient pu être beaucoup plus grands et plus rapides. Par contre, ces revers ont étonné les personnes mal renseignées ou qui examinent superficiellement les choses, et c'est le plus grand nombre. Cet étonnement a été très habilement exploité par tous ceux qui, pour une cause quelconque, sont hostiles à la Russie. Ils ont vite déduit des premiers événements de la guerre qu'il n'y avait pas de raison pour que la fortune des armes tournât en faveur des Russes, et que, par suite, le mieux était de mettre le plus tôt possible un terme aux hécatombes sanglantes, désormais inutiles, puisque l'issue de la guerre était dès aujourd'hui irrévocablement fixée.

Ces apôtres de la paix, qui ont eu soin d'ailleurs de ne pas élever la voix dans des circonstances identiques, lorsque les Boers soutenaient leur lutte héroïque, oublient trop volontiers la ressemblance qui existe entre la guerre du Transwaal et celle de Mandchourie, où les phases de revers, puis de succès, pour les armées anglaises et russes, doivent être logiquement les mêmes. La bataille de Liao-Yang, où les armées russes ont eu 1 800 hommes tués sur 180 000, soit 1 pour 100 n'est pas plus une bataille décisive que celles de Spion-Kop ou de Modderfontein !

Et pourquoi la Russie montrerait-elle moins d'énergie et de ténacité que l'Angleterre ? Les intérêts matériels en jeu sont plus importants et l'intérêt moral est le même. Se reconnaître vaincu dans une guerre de ce genre, c'est risquer de perdre tout prestige, toute autorité pour de longues années.

La Russie aurait-elle avantage à faire la paix en ce moment? Nous ne croyons pas qu'il soit possible de l'admettre.

Avant la guerre, elle jouissait d'une situation privilégiée en Chine et son influence était grande à la Cour de Pékin. Les brusques défaites de ses armées, leur retraite devant les Japonais lui ont fait perdre ces avantages. Le peuple chinois a frémi d'orgueil aux récits, colportés partout, des succès des Nippons, et si la lutte se terminait avant que des victoires éclatantes aient complètement effacé jusqu'au souvenir des premiers succès des Japonais et aient détruit leur prestige naissant, la fin de la guerre marquerait, sans nul doute, le réveil de la race jaune, marchant désormais à la suite de l'empire du Soleil Levant. Alors, adieu toute espérance d'influence sérieuse en Asie pour les nations occidentales et particulièrement pour la Russie.

Et non seulement cette puissance devrait renoncer à ses visées en Extrême-Orient, abandonnant le fruit de ses grands sacrifices en hommes et en argent, mais elle aurait désormais, du côté de la Mandchourie, une nouvelle frontière très étendue sur laquelle elle serait obligée d'entretenir en permanence une nombreuse et solide armée pour garantir sa sécurité.

Nous n'insisterons pas sur la diminution du prestige et de l'autorité de la Russie, vis-à-vis même des puissances européennes, qui serait le contre-coup fatal de son abandon de l'Extrême-Orient, ni sur l'indemnité de guerre plus ou moins forte qui pourrait lui être demandée.

Quelles considérations pourraient imposer l'acceptation d'une pareille déchéance? La guerre est à peine commencée depuis huit mois; celle du Transvaal a duré près de trois ans. Il y a à peine un tiers de l'armée russe mobilisée; les Anglais, pour obtenir la victoire, ont dû envoyer au Transvaal non seulement toutes les troupes de leur armée active, mais encore des milices et même faire appel à des contingents coloniaux. La situation financière de la Russie est d'ailleurs bonne, et si cette puissance n'est pas aussi riche que l'Angleterre, du moins elle n'a pas à craindre d'éprouver d'ici longtemps des difficultés pour se procurer les fonds dont elle pourrait avoir besoin. Pourquoi donc les Russes seraient-ils plus forcés de s'incliner aujourd'hui devant les Japonais que les Anglais n'ont été obligés de le faire devant les Boers après les premiers mois de leur longue campagne dans l'Afrique du Sud?

Il est vrai que le Japon est une grande nation comparée au Transvaal; mais la lutte des Afrikanders ne leur coûtait presque rien, tandis que les dépenses occasionnées par la guerre en Mandchourie sont considérables et les ressources financières du Japon limitées. La population boër n'était pas nombreuse, mais tous les hommes sans exception, ayant eu dès l'enfance le fusil à la main, montant parfaitement à cheval, endurcis à la fatigue, étaient très aptes à faire la guerre de partisans et de guérillas, dans leur pays difficile, au climat meurtrier, et qu'ils connaissaient admirablement. Le Japon, avec sa population de 43 000 000 d'habitants, pourra fournir évidemment un nombre considérable de recrues, mais cela ne veut pas dire qu'on arrivera du jour au lendemain à les transformer en bons soldats, capables de remplacer ceux qui auront trouvé leur tombeau en Mandchourie, capables surtout de combler les vides créés dans les cadres.

Les armées russes ont dû reculer par suite de leur insuffisance numérique ; c'était inévitable si elles ne voulaient pas être écrasées ; mais il est possible de leur donner des effectifs supérieurs à ceux de l'ennemi, en hommes et en artillerie. Tous les envois de renfort utiles se feront certainement quand l'état-major général russe se rendra compte véritablement de l'étendue de l'effort qu'il est nécessaire de faire et, ce jour-là, pourquoi l'offensive russe ne serait-elle pas victorieuse ? Les soldats russes ne sont pas moins braves que les soldats japonais et ils sont plus vigoureux, plus résistants à la fatigue, capables de faire des marches journalières plus considérables. La bataille de

Liao-Yang a prouvé qu'ils étaient bien commandés.

Les Japonais auront peut-être, il est vrai, créé des places fortes ou des camps retranchés entre Kharbine et Port-Arthur ; mais cela ne saurait arrêter la marche en avant des armées russes, pas plus que les nombreuses places d'Europe dans lesquelles Napoléon Ier avait laissé des garnisons, quand il se repliait sur les frontières françaises en 1813, n'ont ralenti ou arrêté la marche des armées alliées. Les places abandonnées derrière soi ne peuvent être utiles que si l'on reprend l'offensive, car une fois débloquées, elles servent de bases d'opération et de points d'appui successifs ; mais quand on bat en retraite définitivement, elles ne sauraient être en réalité d'aucun secours efficace, il suffit à l'ennemi de les masquer, elles tombent naturellement d'elles-mêmes avec le temps.

Les difficultés sérieuses pour les armées russes victorieuses commenceraient au seuil de la Corée, qui présente un terrain difficile se prêtant admirablement à une défense pied à pied. Mais c'est alors que les escadres d'Europe pourraient utilement intervenir.

Jusqu'à ce moment, leur envoi en Extrême-Orient serait gros de dangers, et c'est sans doute pour ce motif qu'on a différé leur départ. Un point d'appui où elle puisse se ravitailler et se préparer est, en effet, indispensable à une escadre, et tant que les armées russes ne seront pas maîtresses de la Mandchourie, Port-Arthur risquera d'être pris par les Japonais, et ce quelle que soit la force des flottes russes présentes dans les mers de Chine, l'histoire nous montrant que c'est toujours par terre et non par mer qu'on prend les places ports de guerre.

Port-Arthur tombé, Vladivostok étant fermé par les glaces une partie de l'année, les escadres russes se trouveraient privées de tout point d'appui dans les mers d'Extrême-Orient, c'est-à-dire à la merci d'un échec pouvant facilement se changer en désastre. Au contraire, une fois les armées russes redevenues maîtresses de la Mandchourie, les escadres retrouveront Port Arthur comme base, pourront s'y ravitailler, s'y réparer, y faire leur charbon, et bloquer les côtes de Corée ou dicter la paix à Tokio.

Au point de vue de la France, y a-t-il avantage à une paix immédiate? Évidemment non, parce que nous avons tout intérêt à ne pas voir notre alliée diminuée, tout ce qui la frapperait dans sa force, dans son prestige, nous atteignant indirectement ; parce que de plus il est de notre intérêt que la Russie sorte grandie de cette épreuve et ne soit pas chassée du golfe du Petchili. Et si cette dernière éventualité devait malgré tout se produire, il serait préférable que ce fût le plus tard possible, de manière que le Japon sortît très affaibli de la lutte, car le jour où nous serons seuls en face de lui, où il se sentira capable d'affronter de nouvelles luttes, l'Indo-Chine risquerait de le tenter.

Ajoutons que toutes les nations d'Europe, et l'Angleterre en particulier, ont intérêt, à notre avis, à la victoire définitive de la Russie. D'un côté, en effet, le triomphe des Japonais sera, comme nous l'avons dit, le signal du réveil de la race jaune, qui ruinera dans un avenir plus ou moins lointain toute influence des puissances occidentales en Extrême-Orient ; de l'autre, la Russie, se voyant fermer les mers de Chine, ne renoncera pas pour cela, sans doute, à son rêve, à son but, — rêve et but naturels pour toute grande puissance — avoir accès à la mer libre. Ce qu'elle n'a pu avoir du côté de Constantinople, elle était allée le chercher vers le golfe du Petchili. Si elle échoue dans cette tentative, qui sait si ce n'est pas d'un côté où elle trouvera forcément devant elle l'Angleterre qu'elle dirigera dans l'avenir tous ses efforts, efforts qui devront être d'autant plus énergiques et se produire d'autant plus vite que la Russie aura un plus grand besoin de relever son prestige ? Et ne pourrait-il en sortir une nouvelle guerre, non moins terrible que celle qui se déroule en ce moment ?

Aussi pensons-nous, comme conclusion, que tout le monde en Europe — et en particulier la France, alliée de la Russie — doit désirer que la guerre ne prenne fin, malgré ses horreurs, qu'après le triomphe définitif des armées russes. On dit tout bas que l'Angleterre et le Japon, étroitement unis, disposeraient sur les bords de la Néva comme sur ceux de la Seine d'influences secrètes assez puissantes pour obtenir la conclusion de la paix, au moment jugé propice pour leurs intérêts. Nous ne le pensons pas, mais par contre nous souhaitons ardemment que la manière de voir et les sentiments que doit inspirer un patriotisme éclairé à ceux qui ont la charge et la responsabilité de l'avenir de deux des plus grandes nations de l'Europe ne soient pas étouffés un jour par des pensées de fausse sentimentalité.

L'humanité aurait pu et dû conseiller aux Etats neutres d'intervenir avant le début des hostilités et de faire comprendre aux intéressés par leur attitude, par leurs avis, que loin d'être partisans de la guerre, comme l'on pouvait le supposer, ils la désapprouvaient. Mais aujourd'hui que la lutte est engagée, il est vraiment trop tard pour proposer une médiation qui, de quelques couleurs qu'on la pare, serait un acte peu équitable vis-à-vis d'un des adversaires en présence, et dont il pourrait à juste titre prendre ombrage.

29 septembre 1904.

---

# LETTRE A UN AMI DE RUSSIE

Vous avez fait trop d'honneur à mes lettres en les communiquant au général W... et au conseiller G... ; elles n'ont qu'un mérite, c'est d'être écrites par un officier qui aime sincèrement votre grande nation et qui serait heureux que les connaissances qu'il a eu occasion d'acquérir en Extrême-Orient puissent vous être de quelque utilité.

Je suis toujours, malgré tout, convaincu de votre victoire finale pourvu que vous ayez la ténacité suffisante, aussi je m'indigne quand je vois la campagne qui se poursuit actuellement en faveur d'une médiation, et qui doit être l'œuvre d'idéologues humanitaires ou de personnalités intéressées, pour une cause quelconque, au succès du Japon.

Comme je vous l'ai dit, les Japonais avaient sur vous, au début des hostilités, une triple supériorité : la préparation, le système de renseignements et l'organisation du commandement.

Les avantages de la préparation doivent disparaître peu à peu, au fur et à mesure que vous recevez vos renforts. Vous éprouverez des difficultés sérieuses à réunir la grande quantité d'artillerie, très largement approvisionnée en munitions, nécessaire dans les guerres modernes, ainsi que le matériel de transport approprié aux régions d'Extrême-Orient, mais n'avez-vous pas la possibilité de faire fabriquer tout ce qui vous est nécessaire, en Russie et dans les différentes usines d'Europe, ce qui vous permettra d'obtenir beaucoup en peu de temps ? Pendant la guerre du Transvaal, les Anglais n'ont-ils pas obtenu en France et en Allemagne de très rapides livraisons d'un matériel considérable, composé de bâts, tentes, voitures, etc., etc.?

Les avantages résultant pour les Japonais de leur système de renseignements ont dû être considérables, jusqu'à ce jour, car ils entendent merveilleusement l'espionnage, mais plus leurs armées s'éloignent dans le Nord, plus il me semble que ce service doit fonctionner difficilement ; ils n'opèrent plus en effet dans des régions souvent fréquentées par leurs compatriotes et où ils ont par suite de nombreuses attaches. L'équilibre sous ce rapport, comme sous beaucoup d'autres, doit se rétablir peu à peu à votre avantage.

Reste la question d'organisation du commandement, assurant dans les meilleures conditions l'unité de direction, et qui est primordiale à mes yeux. Je crois qu'en principe un chef ne doit pas avoir à commander directement plus de 5 à 6 subordonnés. C'est ainsi qu'un capitaine commande à 4 chefs de section : un chef de bataillon à 4 commandants de compagnie ; un colonel à 3 ou 4 commandants de bataillons ; un général de division à 2 commandants de brigade, aux commandants de l'artillerie et de la cavalerie ; enfin un commandant de corps d'armée à 2 commandants de division, aux commandants de l'artillerie, de la cavalerie, et du génie, sans compter les services d'administration et de santé.

Lorsqu'il y a plus de 5 à 6 corps d'armée opérant sur un théâtre d'opérations, il faut donc, à mon avis, les réunir par groupes de 3 à 4 pour former autant d'armées et placer à la tête un commandant du groupe d'armées.

Si les effectifs étaient tels qu'on eût plus de 4 armées, j'estime qu'on devrait créer encore un nouvel échelon et avoir un généralissime ayant sous ses ordres les 2 ou 3 généraux commandant chacun un groupe d'armées.

Quel que soit le titre du commandant en chef des troupes qui opèrent en campagne et qui varie suivant leurs forces, il doit avoir toute initiative, toute liberté d'action, pour diriger les opérations.

Il ne peut y avoir à l'armée qu'une volonté dirigeante, qu'une autorité, la sienne, de manière qu'il ait par contre la responsabilité réelle et entière. Si le chef de l'État n'a pas confiance dans ses capacités, dans son énergie, qu'il le change, comme l'ont fait les Anglais au Transvaal en substituant lord Roberts au général Méthuen. Mais tant qu'il est investi du commandement, il doit rester le maître absolu de ses mouvements; lui seul étant sur les lieux, sachant ce qu'il peut obtenir de ses troupes, peut en effet se rendre compte de ce qu'il est préférable de faire. On ne saurait espérer lui donner de loin d'utiles conseils et encore moins vouloir lui imposer des ordres.

Les Anglais ont laissé toute initiative à lord Roberts et ont toujours fait droit à la moindre de ses demandes. Les Japonais ont agi de même. Tant qu'il n'y a eu qu'une armée, le commandant de cette armée a été le seul chef. Dès qu'il y en a eu plusieurs, le maréchal Oyama en est devenu le seul et vrai chef. Il les a dirigées d'abord de Tokio, il est vrai, mais dès qu'il a jugé sa présence utile, il s'est transporté sur le théâtre des opérations.

Il importe surtout que les comités, les commissions, les conseils auliques disparaissent. Peu utiles, à mon avis, en temps de paix, je les crois toujours néfastes en temps de guerre. Toutes les questions, les problèmes qu'on croit, en effet, devoir leur soumettre, sont forcément complexes et susceptibles de différentes solutions. Le plus souvent chaque membre d'un conseil a sa manière de voir et on ne peut guère compter sur les discussions pour établir une communauté de vues. Il en résulte que l'avis donné résume presque toujours l'opinion moyenne des conseils. Or rien ne peut être dangereux dans les choses de la guerre, comme l'opinion moyenne d'une collectivité forcément irresponsable. Il y a bien peu de chances pour qu'un conseil accueille favorablement une de ces conceptions hardies, un de ces plans d'actions énergiques, mais un peu risqués, qui doivent assurer le succès d'une campagne et que de grandes individualités peuvent seules concevoir comme exécuter.

Parfois cependant, certains comités sont dominés par un chef autoritaire ou par un de ces hommes dont la supériorité s'impose d'une manière incontestable, ils se laissent alors guider entièrement par lui, mais ne serait-il pas en ce cas plus simple de consulter seul celui qui est l'âme du comité, en lui évitant la peine de convaincre d'abord ses collègues?

Vous vous souvenez peut-être de la manière dont fut prise à Péking, en 1839, la grave décision d'ouvrir les hostilités contre les Anglais. L'Empereur, suivant les traditions et conformément aux rites dut réunir les 8 Tchoung-Tang qui composaient son Conseil intime. Il leur dit que des aventuriers des mers occidentales s'étaient montrés agressifs et insolents et qu'il fallait les châtier sévèrement afin de donner un exemple à tous ceux qui seraient tentés de les imiter. Ayant ainsi manifesté son opinion, il demanda l'avis du Conseil : les 4 Tchoung-Tang mandchous se prosternèrent de suite en disant · Tché, Tché, Tché, Tchau-Dzé-Té, Fan-Fou : Oui, oui, oui, voilà l'ordre du maître. Les 4 Tchoung-Tang chinois se prosternèrent à leur tour en s'écriant : Ché, Ché, Ché, Hoang-Chang-Té, Tien-Ngein : Oui, oui, oui, c'est le bienfait céleste de l'Empereur. Et le Conseil se sépara sans rien ajouter.

Les conseils auliques européens, si souvent condamnés par l'histoire, ne valent guère mieux comme résultats que le conseil intime chinois, quoique péchant le plus souvent par un excès contraire.

Dans une grande guerre nationale, on doit tout faire pour faciliter la tâche de celui qui commande les armées, et dans ce but, non seulement lui fournir tous les moyens d'action, mais encore supprimer tout ce qui pourrait gêner, même légèrement, l'exercice de son autorité.

En temps de paix, le ministère de la Guerre, l'État-major général sont les rouages directeurs de toute l'armée. Tous les commandants de troupe doivent leur être soumis et suivre leur impulsion. En temps de guerre, au contraire, c'est le commandant des troupes en campagne qui doit donner la direction, l'impulsion. Le ministère de la Guerre, l'État-major général doivent devenir ses auxiliaires ; ils n'ont plus alors à conseiller, à diriger, à discuter les demandes et à décider dans quelles mesures elles seront accueillies. Ils n'ont plus qu'un rôle, s'efforcer par tous les moyens de donner satisfaction, dans les meilleures conditions possibles, aux demandes du Commandant en chef, auquel le Gouvernement a confié le soin de défendre le pays et de qui dépend, en grande partie, l'issue heureuse de la guerre.

30 septembre 1904.

---

# VERS LA MER LIBRE

Engagée dans une guerre dont on ne peut prévoir l'issue, agitée par des troubles intérieurs, la Russie traverse une phase critique dont les dangers méritent d'attirer notre attention. Nous ne pouvons oublier, en effet, que nous sommes étroitement liés avec cette puissance par les liens politiques de notre alliance et par des liens économiques résultant des capitaux considérables que l'épargne française a placés en Russie. Sa défaite irrémédiable en Mandchourie, comme la ruine de son crédit conséquence d'une révolution, nous frapperaient par contre-coup ; nous serions de ce fait même plus ou moins diminués ou appauvris.

Il ne paraît donc pas inutile d'examiner sérieusement la situation actuelle de la Russie, les causes des difficultés qu'elle traverse et les moyens de les vaincre.

La Russie est une grande puissance continentale qui n'a pour ainsi dire pas accès à la mer, car des deux mers auxquelles elle touche. l'une, la mer Noire, ne communique avec la Méditerranée que par le Bosphore, dont le passage est interdit aux bâtiments de guerre, l'autre, la Baltique, est encombrée par les glaces une partie de l'année. Son rêve a toujours été d'avoir accès à la mer libre pour pouvoir devenir une puissance maritime et c'est cette pensée qui a dicté sa politique extérieure depuis des siècles en dirigeant d'abord ses efforts vers Constantinople, puis vers le Petchili.

Dans cette voie la Russie devait forcément trouver contre elle d'abord l'Angleterre, qui, maîtresse des mers, est naturellement hostile à toute nation manifestant l'intention de devenir puissance maritime, puis l'Allemagne dont l'industrie toujours grandissante écoule beaucoup de ses produits en Russie, et qui peut craindre que ses prix ne soient facilement concurrencés par les usines locales le jour où elles auraient de faciles débouchés à l'étranger, permettant d'augmenter leur chiffre d'affaires. Ce fut un triomphe pour la diplomatie de ces deux pays que d'avoir réussi à ravir à la Russie les bénéfices de sa dure campagne de 1877.

Après le traité de San-Stefano, on comprit à Saint-Pétersbourg que, pour de très longues années au moins, tout espoir d'arriver au libre accès de la Méditerranée était perdu et, dès lors, la Russie tourna tous ses efforts vers les mers de Chine.

De ce côté, l'hostilité de l'Angleterre ne pouvait être douteuse, car l'installation des Russes sur les bords du golfe du Petchili devait leur permettre non seulement de se créer une marine puissante dans les mers de Chine, mais encore de menacer sérieusement les intérêts commerciaux anglais en Extrême-Orient. Toutefois, il était dans la logique que cette hostilité ne se manifestât pas ouvertement dès le début et n'éclatât que le plus tard possible, au moment seulement où le but serait sur le point d'être atteint, car tant que Saint-Pétersbourg aurait les yeux tournés vers l'Extrême-Orient, rien de sérieux ne serait à redouter au sujet des Indes ni surtout du côté du golfe Persique, le point où peut-être il serait le plus facile aux Russes d'atteindre la mer libre.

Il est par suite facile de comprendre avec quel empressement furent accueillies à Londres les ouvertures du Japon, désireux de contracter alliance avec une puissance européenne. Les dangers graves qui pouvaient en résulter plus tard furent rejetés au second plan. De même qu'au début du dix-neuvième siècle, l'Autriche avait lutté à différentes reprises contre la France pour défendre surtout les intérêts de l'Angleterre en Europe, de même le Japon prendrait au besoin les armes pour défendre la cause de sa nouvelle alliée en Extrême-Orient.

Dès lors, la guerre pouvait être évitée tant que

la Russie se contenterait de faire des sacrifices pour créer des voies de communication en Mandchourie, y installer des émigrés ou développer son commerce, mais elle devait fatalement éclater avant le moment où elle y amènerait des forces suffisantes pour avoir chance de résister avec succès à une brusque attaque des Japonais. Et le début subit des hostilités, si inattendu en Europe, ne sembla pas avoir causé grande surprise à Londres.

La première partie de la guerre, bien que malheureuse pour les Russes, fut moins désastreuse qu'on ne devait s'y attendre. Il n'y avait en Mandchourie que quelques troupes d'un effectif dérisoire; les magasins de munitions, de vivres, d'approvisionnements étaient vides ; on ne disposait, pour envoyer des renforts et assurer le ravitaillement, que d'une ligne de chemin de fer à une voie, longue de 10 000 kilomètres et construite, en certains passages, d'une manière défectueuse. La flotte, attaquée par surprise, avant la déclaration de guerre, était, en outre, mise de suite en état de notable infériorité.

Les Japonais, au contraire, avaient des armées nombreuses, bien organisées, parfaitement approvisionnées et dont le ravitaillement était facile par suite de la proximité relative de leur base d'opérations. Néanmoins, grâce à l'héroïque défense de Port-Arthur, à la prudente stratégie de Kouropatkine, dont on ne saurait trop faire l'éloge, l'armée russe put être ramenée peu à peu en arrière, aux environs de Moukden, en évitant toute grande bataille décisive.

La position si critique, au début, des armées russes semble aujourd'hui profondément modifiée et la deuxième partie de la guerre peut leur offrir des chances de revanche. En effet, les armées qui ont eu tout le temps nécessaire pour se compléter et s'organiser sont composées de troupes solides, bien approvisionnées, possédant une bonne artillerie, en nombre sensiblement égal à celle de leurs adversaires qui avaient mis en ligne, dès le début, toutes les forces dont ils pouvaient disposer.

D'autre part, la chute de Port-Arthur, qui a permis aux Japonais de disposer d'une cinquantaine de mille hommes, donne par contre à Kouropatkine toute latitude de différer désormais l'attaque jusqu'au moment jugé par lui opportun, et même de se dérober à celle de son adversaire, s'il estimait préférable de rester encore pendant un certain temps sur la défensive. Or c'est là un facteur de succès important, la prolongation des hostilités étant tout à l'avantage de la Russie, qui dispose de réserves d'officiers et d'hommes instruits, ainsi que de ressources financières bien supérieures à celles du Japon. A tel point que si les deux adversaires devaient poursuivre la lutte jusqu'à épuisement de l'un des deux, c'est sans nul doute le Japon qui, par la force des choses, serait finalement le vaincu.

Et c'est au début de cette deuxième période de la guerre où l'étoile du Japon semble sur le point de pâlir, qu'éclatent en Russie des troubles ayant un caractère révolutionnaire !

Frappés de cette coïncidence, beaucoup de ceux qui connaissent l'esprit plein de ressources des Japonais ont pu admettre que les conseils, les encouragements, peut-être les subsides des amis et des émissaires du Japon n'y sont pas étrangers. Sans insister sur cette supposition, nous remarquerons combien ces événements ont été suivis de près à Tokio.

Un grand journal du matin, fort bien renseigné en général, s'exprime ainsi à ce sujet : « Les Japonais suivent avec une vive attention les événements de Saint-Pétersbourg. Les journaux donnent des comptes rendus des troubles qui sont lus avec le plus grand empressement. Il y a parmi la population le sentiment très répandu que la bureaucratie sera incapable d'arrêter la marche des réformes et que la chute de cette bureaucratie terminerait la guerre.

« Un membre d'une légation étrangère disait : La guerre est terminée, à moins que la population russe ne soit écrasée sous le talon de fer qui a provoqué la crise. L'armée japonaise combat aujourd'hui le combat de la population russe. »

L'accueil fait à Tokio à la nouvelle des troubles de Saint-Pétersbourg, la manière dont ces tristes événements ont été grossis à l'envi par une grande partie de la presse européenne, doivent montrer à tous les vrais amis de la Russie que de ce côté est aujourd'hui pour elle le vrai danger qu'il faut éviter à tout prix.

L'Angleterre, cette nation toujours grande dans ses succès comme dans ses revers, a donné un admirable exemple au cours de la guerre du Transvaal. Bien des fautes avaient été commises, bien des défaillances s'étaient produites, il n'y eut cependant ni plaintes, ni récriminations. Toute la nation, sans dictinction de parti, s'est serrée autour de la vieille reine, n'admettant même pas l'idée qu'on pût songer à s'arrêter avant que l'adversaire ne fût rendu à merci complète, le pays dût-il n'être conquis qu'après la mort du dernier Boër ; il serait temps, après la paix, de rechercher les responsabilités et d'étudier les réformes à faire. C'est un exemple à méditer et à suivre.

La Russie s'est trouvée engagée à tort ou à raison — le moment n'est pas venu de le discuter — dans une guerre contre le Japon. Elle doit en sortir victorieuse, sous peine de voir son prestige ruiné pour de longues années et peut-être la révolution suivre de près la conclusion d'une paix humiliante. Mais, pour être victorieux, il faut que le peuple russe reste uni, qu'il se serre plus que jamais autour du Tsar, prêt à toutes les luttes, à tous les sacrifices.

Il est vrai que cette guerre a mis en lumière de nombreux et graves défauts dans l'administration russe.

Presque tous les esprits éclairés admettent aujourd'hui la nécessité pour la Russie d'évoluer dans un sens libéral en créant d'abord une classe bourgeoise ; l'entrée dans l'administration et la participation aux affaires publiques de cette nouvelle classe de la société, nombreuse, instruite, intelligente et honnête, modifiera sans doute avantageusement et profondément l'état de choses actuel. Mais ce doit être là une évolution, une marche lente et continue vers le progrès, qu'on ne peut songer à entreprendre en temps de guerre, en ces périodes troublées où toute tentative d'évolution risque de tourner si facilement en révolution.

D'autre part, si le peuple doit attendre la conclusion d'une paix honorable avant de voir entreprendre les réformes qu'il désire, c'est au gouvernement, en les lui faisant entrevoir dès maintenant, à lui expliquer, à lui faire comprendre la nécessité de la patience.

Alors, l'espérance suffirait sans doute pour assurer le calme à l'Empire, jusqu'au jour où Kouropatkine livrera des engagements décisifs en Mandchourie. S'ils sont heureux, comme il faut le souhaiter, les victoires rendront tout facile.

Remarquons, en terminant, combien il semble désirable au point de vue politique et militaire que la flotte russe n'arrive dans les mers de Chine qu'après les premiers succès des armées de Mandchourie. Si, en effet, la flotte était battue avant un succès important de Kouropatkine, la nouvelle de cet échec, qui aurait un grand retentissement, risquerait de provoquer de nouveaux troubles graves, et, pour en effacer l'effet, les armées russes pourraient être amenées à attaquer avant l'heure, courant les risques d'une défaite dont on ne saurait prévoir les conséquences. Si, au contraire, la flotte était écrasée au lendemain d'une bataille perdue par les Japonais devant Moukden, le malheur des escadres disparaîtrait devant la victoire de l'armée.

On n'est jamais assuré qu'un Austerlitz suivra de près un Trafalgar pour en effacer l'effet.

Le jour, du reste, où les armées russes victorieuses auraient planté de nouveau et définitivement le drapeau moscovite sur les bords du Petchili, à Port-Arthur reconquis, la Russie aurait accompli son rêve : l'accès à la mer libre. Toutes les conséquences qu'elle peut en attendre en découleraient naturellement avec le temps.

31 janvier 1905.

# LA BATAILLE DE MOUKDEN ET LA PAIX

Il est intéressant de se demander quelle influence les graves événements de Mandchourie peuvent avoir sur la marche des opérations ultérieures, s'ils doivent logiquement et fatalement entraîner la conclusion de la paix et si la conclusion immédiate de cette paix serait désirable pour la Russie et, par suite, pour la France.

Pour arriver à des conclusions rationnelles, il faut rechercher d'abord les causes de la défaite des troupes russes et voir si ces causes, étant occasionnelles, peuvent disparaître ; examiner l'étendue des pertes des deux armées en présence ainsi que la possibilité et la facilité plus ou moins grande de les réparer. On doit se rendre compte de ce que pourrait être la paix conclue, soit aujourd'hui, soit à une date éloignée, et quelles en seraient les conséquences pour la Russie.

Nous avons déjà exposé les principales causes

d'infériorité de l'armée russe qui, à notre avis, expliquaient les premiers succès des Japonais. Ce sont le manque d'unité dans le haut commandement et la direction des opérations, les défauts d'organisation et de préparation, l'absence presque complète de système de renseignements et le grand éloignement de la base d'opérations en face d'armées ennemies, parfaitement organisées et préparées à la guerre en Mandchourie, possédant un admirable système de renseignements, très rapprochées de leur base d'opérations et obéissant pour ainsi dire automatiquement à une impulsion unique.

Les événements semblent nous montrer que le temps gagné, grâce à la longue résistance de Port-Arthur, a bien permis de remédier en partie au manque de préparation et d'organisation, en faisant parvenir en Mandchourie des troupes et des approvisionnements de toute sorte qui faisaient défaut; mais la question de l'unité de direction n'a été qu'imparfaitement résolue, de nombreuses divergences de vue ayant toujours existé, dit-on, entre Saint-Pétersbourg et le général en chef. Quant au service de renseignements, l'état-major russe paraît avoir été dans l'impossibilité de l'organiser, même à l'état rudimentaire.

D'autre part, la retraite sous Moukden n'a pas eu pour résultat de rapprocher sensiblement les armées russes de leur base d'opérations et d'augmenter, par contre, notablement, la longueur des lignes d'étapes et de ravitaillement des armées japonaises.

A ces causes primordiales d'infériorité pour les armées russes, il convient d'ajouter quelques considérations techniques.

Le service d'état-major a été assuré dans les deux armées par des officiers également instruits. Les troupes d'artillerie et du génie étaient de valeur à peu près semblable, mais les Japonais ont eu au début des hostilités une grande supériorité comme artillerie de montagne. La cavalerie russe possédait une réelle prépondérance qui n'a d'ailleurs pas été utilisée. Quant à l'infanterie japonaise, elle paraît s'être montrée notablement supérieure à l'infanterie ennemie et avoir été le principal facteur des victoires nipponnes.

L'infanterie japonaise est une infanterie admirable, peut-être unique au monde. Ses soldats sont d'une bravoure, d'une témérité extraordinaires, presque folles par instants ; ils n'ont aucun souci de la mort, beaucoup semblent la rechercher. Ils sont d'une sobriété exemplaire, ont une discipline parfaite. Très intelligents, adroits et souples, ils comprennent admirablement le terrain et savent tirer parti des moindres accidents qu'il présente.

L'infanterie russe est toujours aussi digne de sa

vieille réputation. L'éloge du courage et de la discipline de ses soldats n'est plus à faire; ils sont calmes et tenaces et ne se laissent jamais aller au découragement, ni entraîner par la panique en cas de revers ; mais ils ont les défauts de leurs qualités et sont plus passifs que les soldats japonais.

Ajoutons que les troubles qui ont éclaté en Russie dans ces derniers temps ont peut-être retardé ou arrêté la levée des réservistes et l'envoi de troupes de renfort. Il est grave pour une nation engagée dans une pareille lutte de ne pas jouir de la tranquillité intérieure et de sentir que la guerre soutenue est impopulaire, surtout quand cette nation a devant elle une puissance parfaitement unie, dont tous les hommes sont prêts aux derniers sacrifices pour atteindre le but rêvé, ardemment souhaité par tous : la victoire finale.

On ne connaît encore que par des dépêches, c'est-à-dire d'une manière très approximative, le total des pertes des deux armées en présence. Mais on peut dès maintenant se rendre compte que les Japonais n'ont subi qu'une perte d'hommes facilement réparable, grâce à la proximité des dépôts.

Du côté des Russes, les résultats néfastes de la bataille de Moukden ont été sans doute exagérés au premier moment, comme l'avaient été ceux de la bataille de Liao-Yang, car les Japonais ont généralement tendance à augmenter l'importance de leurs succès tandis que les Russes paraissent s'exagérer le plus souvent leurs pertes ; c'est du moins l'impression qui résulte de la lecture des télégrammes de Tokio et de Saint-Pétersbourg, publiés par la presse européenne.

Quoi qu'il en soit, il sera bien autrement difficile aux Russes qu'aux Japonais de combler les vides créés dans leurs rangs, ces vides étant beaucoup plus nombreux et les distances à parcourir par les détachements de renfort étant infiniment plus considérables. D'autre part, l'armée a éprouvé de très grandes pertes matérielles en artillerie, en munitions, en vivres, en approvisionnements de toute sorte, pertes qu'il faudra réparer avant de pouvoir reprendre la lutte.

Les causes d'infériorité que nous venons de signaler pourraient-elles disparaître ?

Nous le pensons, mais pour cela il faudrait déployer les qualités de volonté, d'énergie et de ténacité qui assurèrent le succès des armées russes en 1812. L'unité absolue de direction et de commandement devrait être avant tout obtenue.

L'organisation du service des renseignements était évidemment très malaisée en pays jaune, où les habitants sont forcément en grande majorité de cœur avec les Japonais contre les Européens ; mais au fur et à mesure que les Russes s'éloigneront de

Moukden, la chose deviendra plus facile pour eux et plus difficile pour leurs adversaires.

Il en sera de même des difficultés résultant de la longueur de la ligne d'opérations. Le jour où les armées russes seront à Kharbine, elles se trouveront un peu plus rapprochées de leur base, tandis que les Japonais seront notablement plus éloignés de la leur.

Le théâtre de la guerre, moins mouvementé, se prêtera d'ailleurs mieux aux opérations de la cavalerie russe dont la supériorité pourra devenir un facteur sérieux, tandis que le terrain permettra moins à l'infanterie japonaise de tirer parti de ses admirables qualités.

Toute la question est de savoir si la situation politique intérieure de la Russie lui permettra de faire les levées de réservistes et les envois de troupes dont on aura besoin pour reconstituer l'armée avec les effectifs indispensables à la continuation de la lutte avec chances de succès.

Il est à désirer qu'il en soit ainsi, car les conséquences seraient également graves pour la Russie et pour nous d'une paix imposée au lendemain d'une grande défaite rendant imposible la continuation de toute lutte, paix qui, par suite, aurait de grandes chances d'être obtenue à des conditions très dures.

Pour la Russie, ce serait à l'extérieur la perte de

toute influence en Extrême-Orient et d'une partie de son prestige en Europe pendant de longues années ; à l'intérieur, la perte d'autorité morale qui résulte pour tout gouvernement de l'issue malheureuse d'une grande guerre. Les soldats libérés, les réservistes, particulièrement ceux qui auraient été en captivité au Japon, rapportant dans leurs foyers, avec le souvenir d'une guerre très pénible et sans gloire, la vision du colosse russe et de son gouvernement autocratique obligés de s'avouer vaincus et de subir les dures volontés de l'ennemi, pourraient apporter un appoint sérieux aux éléments de désordre. Ils deviendraient peut-être des instruments dangereux entre les mains des partis enthousiastes d'idées nouvelles et qui rêvent la transformation complète de l'organisation de la Russie, sans songer assez aux difficultés de ces transformations qui demandent à être faites lentement, après mûre réflexion, en toute indépendance d'esprit,

Une révolution en Russie risquerait de ruiner les intérêts financiers considérables que nous y avons ; la diminution ou la perte du prestige de cette puissance, qui est notre alliée, nous frapperait indirectement d'un coup non moins cruel. Beaucoup d'esprits sont déjà trop tentés de s'imaginer que sa force militaire a été considérablement surfaite et infèrent trop volontiers de ses défaites en Extrême-Orient que son concours en cas de guerre européenne n'aurait pas été d'une grande efficacité. Ils ne se rendent pas compte qu'il n'y a aucun rapport entre une guerre soutenue à 10000 kilomètres, pour laquelle aucun préparatif n'avait été fait, et une guerre à proximité des frontières, pour laquelle tous les détails d'organisation ont été longuement et minutieusement étudiés, prévus et préparés. Le jour où l'idée que l'alliance franco-russe ne peut plus présenter pour nous aucun avantage, aucune garantie sérieuse, se répandrait et prendrait consistance, les adversaires de cette alliance, qui n'ont pas désarmé, auraient beau jeu.

Et le jour où cette alliance serait dénoncée, la France se trouverait en face de l'Allemagne, seule, avec l'amitié de l'Angleterre — de l'Angleterre qui voit d'un œil jaloux, nul ne l'ignore, les progrès toujours croissants de l'industrie et de la marine allemandes. De l'amitié à l'alliance, il n'y aurait alors qu'un pas, peut-être vite franchi ; car, devant les dangers de l'isolement, devant les attractions naturelles d'une alliance avec l'Angleterre, déjà liée avec nous par tant d'intérêts commerciaux, on serait sans doute trop tenté d'oublier le risque qui en résulterait pour nous d'être entraîné à un moment donné, contre notre gré, dans une guerre où les dangers à courir seraient surtout grands pour la France, les avantages à recueillir devant être considérables surtout pour nos nouveaux alliés,

Si donc la situation intérieure de la Russie lui permet de continuer ses envois de troupes, il paraîtrait plus avantageux de continuer la lutte.

Ainsi que nous l'avons déjà dit, la force de résistance de la Russie, à condition qu'elle jouisse de la paix intérieure, est plus considérable que celle du Japon, qui, logiquement, doit s'user plus vite que son adversaire,

Nous ne pensons pas d'ailleurs que l'intérêt de la Russie, et de la France son alliée, exige ou même demande que les armées russes, une fois réorganisées et renforcées, regagnent tout le terrain malheureusement perdu et reprennent Port-Arthur avant de conclure la paix! Pour arriver aujourd'hui à un pareil résultat, il faudrait faire certainement des sacrifices énormes en hommes et en argent qui seraient tout à fait hors de proportion avec le but à atteindre et qui risqueraient de laisser pour de longues années le vainqueur aussi affaibli que le vaincu. Mais nous estimons qu'il est de l'intérêt de la Russie de ne pas engager des pourparlers de paix au lendemain d'une grande défaite : elle doit réorganiser ses armées à Kharbine et les renforcer de telle sorte qu'elles soient presque assurées de la victoire si les Japonais viennent les y attaquer. Ceci fait, on serait en mesure de discuter les conditions de la paix sans se les laisser imposer.

Si les conditions consenties de part et d'autre étaient de nature à donner satisfaction aux intérêts des deux puissances, ce qui semble parfaitement admissible, le temps faisant comprendre aux deux adversaires la nécessité de concessions réciproques, la paix aurait chance de clore pour toujours l'ère des difficultés entre le Japon et la Russie. Notre alliée, ramenant alors ses troupes en Europe, après une paix honorable, quand ses défaites d'ailleurs malgré tout glorieuses pour ses admirables troupes, seraient déjà en partie oubliées, conserverait son prestige et sa situation militaire qui peut un jour nous être de si grande utilité.

Si le Japon, se montrant au contraire intransigeant, voulait exiger des conditions auxquelles il serait impossible de souscrire, alors le gouvernement russe, en les faisant connaître, aurait certainement pour lui l'opinion publique en Europe, et les armées concentrées à Kharbine pourraient reprendre la lutte et la poursuivre jusqu'au bout, assurées que la nation entière serait prête à faire tous les sacrifices pour atteindre le but nécessaire — imposé.

29 mars 1905.

# LE RECRUTEMENT DES OFFICIERS

La question du recrutement des officiers est à l'ordre du jour. Ceux qui voudraient modifier l'organisation actuelle donnent comme principal argument qu'il est indispensable d'obtenir « l'unité d'origine pour tous ». Formule séduisante, car elle a comme un parfum d'égalité, mais qui présente l'inconvénient d'être vague, très discutable en principe et d'une application presque impossible.

Pour qu'il y eût réellement unité d'origine, il faudrait que désormais tous les officiers, sans exception, arrivassent à l'épaulette de la même manière, comme en Allemagne par exemple, après avoir subi les mêmes examens de capacité, après avoir suivi les mêmes cours dans les mêmes écoles. Mais cela est-il possible ?

La commission de l'armée, à la Chambre, a admis, dans sa séance du 12 mars dernier, qu'il y aurait une seule école militaire, dans laquelle pourront être admis après deux ans de service les militaires pourvus de certains diplômes, et, seulement après cinq ans de service au minimum, les sous-officiers non pourvus de ces diplômes et qui concourront entre eux; la proportion d'admission à l'école devant être pour les diplômés d'au moins la moitié des élèves officiers.

On ne dit pas si ces deux catégories d'élèves officiers devront recevoir à l'école une instruction commune. S'il n'en est pas ainsi, on conservera en réalité deux écoles différentes réunies sous le même nom. En cas contraire, il faudra abaisser notablement le niveau des cours actuels, pour que tous puissent les suivre avec fruit, ou bien refuser à tous les sous-officiers peu instruits l'accès au grade d'officier.

Quoi qu'il en soit, ce système conserve, en réalité, deux sources de recrutement très différentes, analogues à celles qui existent aujourd'hui. D'un côté, les jeunes gens possédant avant l'arrivée au corps une instruction générale assez étendue et admis à l'école après deux ans de régiment; de l'autre, ceux qui n'ont pas reçu cette instruction et pour lesquels cinq ans de service sont exigés avant qu'ils puissent entrer à l'école. On creuse même encore plus profond qu'aujourd'hui le fossé qui existe entre les deux catégories, en refusant à un sous-officier non diplômé, quelles que soient ses qualités, la possibilité d'arriver à l'épaulette, moins de trois ans après un camarade possédant des diplômes.

Ce système risque de rendre très difficile, sinon impossible, le recrutement des officiers, à moins d'abaisser notablement le niveau scientifique de nos cadres en en diminuant la valeur, dans un moment où l'art de la guerre exige que cette valeur atteigne son maximum.

Quantité de jeunes gens ayant leurs diplômes, et qui, actuellement, concourent pour Saint Cyr ou Polytechnique, ne consentiront plus, après leurs deux années de service, à aller de nouveau s'enfermer dans une école.

D'un autre côté, parmi les sous-officiers non diplômés, ceux qui sont réellement intelligents, qui ont conscience de leur valeur, poursuivront-ils une carrière dans laquelle il leur sera impossible, malgré tout ce qu'ils pourraient faire, d'être promus sous-lieutenant avant 7 ans de service ?

La conséquence de ces dispositions sera de vieillir encore nos cadres, surtout si la nouvelle loi sur le recrutement interdit, comme il en est question. les devancements d'appel. Cette interdiction est en elle-même désirable, car un jeune homme de 18 à 20 ans n'est généralement pas assez fort pour supporter les fatigues du régiment. Mais, si on la réalise, l'aspirant officier ne pourra plus arriver à l'École qu'à 23 ans quand il sera diplômé ; à 26 s'il ne l'est pas, c'est-à-dire qu'il sera nommé sous-lieutenant au plus tôt à 25 ou 28 ans.

Il y a lieu de remarquer enfin que, pour les jeunes gens instruits, les deux années passées au régiment seront des années en partie perdues, sans qu'on puisse abréger par compensation la durée du temps de séjour aux Écoles; on ne pourrait le faire qu'en diminuant la force des études, car on ne saurait augmenter la somme de travail intellectuel fournie actuellement par les élèves de Saint-Cyr et de Polytechnique.

Est-ce à dire, cependant, qu'il n'y aurait aucune modification à apporter à ce qui existe? Nullement. Mais pour cela, il ne semble pas indispensable de tout bouleverser.

Les dispositions de la loi de 1834 étaient très sages et permettaient d'assurer dans de bonnes conditions le recrutement du corps d'officier de notre armée en temps de paix comme en temps de guerre. Mais si on en a observé la lettre, on s'est écarté de l'esprit.

Une partie des officiers devait sortir des écoles, l'autre des rangs. Pour les seconds, des qualités militaires sérieuses, bravoure, sang-froid, énergie sur le champ de bataille ou longue expérience et parfaite connaissance des petits détails du métier, devaient compenser les qualités d'instruction des premiers, c'est-à-dire que les officiers sortant des rangs étaient des sous-officiers qui s'étaient distingués en temps de guerre ou qui avaient de longs états de service en temps de paix et qui étaient nommés sous-lieutenants sans passer par une École.

A la suite de la guerre de 1870, on crut devoir exiger la plus grande somme possible d'instruction de tous les officiers sans exception ; on a donc astreint les sous-officiers proposés pour officiers, à passer une année dans une École à laquelle ils étaient admis à la suite de concours.

La difficulté pour les vieux sous-officiers d'entrer en lutte avec des jeunes camarades possédant une instruction générale plus étendue, l'ennui de s'enfermer dans une école après de longues années d'une liberté relative, les ont naturellement écartés peu à peu de ces concours. Les écoles militaires de Saint-Maixent, de Saumur, de Versailles se sont trouvées par suite recrutées presque exclusivement parmi les jeunes gens ayant fait leurs études mais ayant échoué aux examens des écoles spéciales. et qui, au régiment, s'occupent surtout de perfectionner leur instruction personnelle.

On a ainsi, en réalité, supprimé le véritable officier sortant du rang, et notre corps d'officiers s'est trouvé recruté presque exclusivement dans une seule classe de la société, les plus forts entrant aux écoles militaires à la sortie du lycée, les autres y entrant après un stage de 3 ou 4 ans au régiment.

Ce résultat, qui était d'ailleurs peu démocratique, a eu de graves inconvénients au point de vue de l'avancement des officiers, car tous ayant à peu près la même instruction, les mêmes services, et étant parvenus presque au même âge à l'épaulette, la sélection du choix devenait très difficile à faire. De plus, les sous-officiers anciens n'ayant plus la perspective de devenir officiers, il a fallu leur faire de sérieux avantages de solde, tandis que le budget des retraites s'est trouvé notablement augmenté du fait que beaucoup de ces sous-officiers, appelés jadis à devenir officiers entre 8 et 12 ans de service, se retirent actuellement avec une retraite proportionnelle dès qu'ils ont passé 15 ans sous les drapeaux.

D'autre part, si dans les armées de métier on pouvait admettre qu'on fût nommé officier en sortant d'une école et sans avoir passé par le régiment, il n'en est pas de même avec les armées modernes, qui reçoivent et instruisent toute la jeunesse de la nation sans distinction de classe. Il semble nécessaire aujourd'hui que l'officier ait vécu plus ou moins longtemps de la vie de ceux qu'il est destiné à commander, car c'est surtout comme camarade, caporal et sous-officier qu'il pourra les connaître, et se rendre bien compte de leurs besoins, de ce qu'on peut leur demander sans exagération ; ces connaissances sont indispensables si l'on veut obtenir que la discipline, toute en restant ferme, paraisse légère aux subordonnés.

Pour obvier aux inconvénients que nous venons de signaler, il ne serait pas nécessaire de modifier profondément les règles qui régissent le régime actuel. Nous avons actuellement deux catégories d'officiers, ceux qui sortent de Saint-Cyr et de Polytechnique et ceux qui proviennent de Saint-Maixent, Versailles et Saumur ; il faudrait en ajouter une troisième, les sous-officiers qui seraient nommés directement officiers, sans passer par aucune École militaire. Ces derniers seraient choisis parmi les sous-officiers ayant au moins 8 à 10 ans de service, qui se seraient distingués, soit en campagne par leurs réelles qualités militaires, soit en temps de paix par leurs bons services, et qui, par un vote de leurs camarades, seraient reconnus dignes de devenir officiers.

Il semble qu'on obtiendrait une excellente composition des cadres en demandant un tiers des officiers à chacune de ces sources de recrutement, et il est facile de se rendre compte des avantages qui en résulteraient au point de vue de l'avancement normal des officiers.

On devrait autoriser, en outre, tous les militaires ayant au moins un an de service, à concourir jusqu'à 25 ans pour Saint-Cyr et Polytechnique, en leur accordant un nombre de points de majoration variable suivant les services.

En ce qui concerne le passage de nos futurs officiers dans les corps de troupe comme soldats, caporaux et sergents, il semble qu'il serait possible de l'imposer aux Saint-Cyriens et aux Polytechniciens sans trop nuire à leurs études et sans les retarder dans leur carrière. Ne serait-il pas possible, par exemple, de décider que ces jeunes gens, après leur admission et avant leur entrée à l'École, seraient incorporés pendant trois mois dans un régiment (octobre, novembre et décembre) ; qu'après une première année d'études, ils reviendraient, de préférence au moment des grandes manœuvres, passer deux mois dans un corps de troupe comme caporaux, et après leur seconde année deux mois comme sergents.

Mais il est un autre corps d'officiers dont le recrutement est particulièrement délicat, celui des officiers d'état-major.

Nos officiers d'état-major sortent tous, comme on le sait, de l'École de guerre, qui est à la fois une école de haut commandement et une école d'état-major. Cette organisation ne paraît pas très logique, car les qualités qu'on demande à un officier d'état-major sont fort différentes de celles que réclame l'exercice du haut commandement. Tel peut être écarté de l'Ecole de guerre parce qu'il n'a pas les qualités d'un bon officier d'état-major qui aurait fait un chef remarquable, ou réciproquement. Ne semble-t-il pas d'ailleurs exagéré d'apprendre à des lieutenants, à des capitaines de 28 à 30 ans, la haute stratégie, la conduite des divisions et des corps d'armée, alors que, pendant de très longues années, leur seul rôle devra être de conduire des compagnies, des bataillons et des régiments ? Chaque année, 80 élèves entrent à l'École de guerre, de sorte que l'armée française contient plus de 1 500 officiers brevetés, répartis entre les différentes armes, auxquels on peut à un moment donné confier un emploi dans le service d'état-major.

Beaucoup de bons esprits se sont demandés si un corps d'état-major, corps fermé, ne serait pas préférable, à la condition de le recruter avec soin à la sortie de l'École de guerre parmi les officiers présentant toutes les qualités voulues.

Quoi qu'il en soit il semble que l'École supérieure de guerre devrait devenir en quelque sorte une école des hautes études militaires, avec un nombre plus grand d'admissions, des examens d'entrée très larges, la suppression du brevet sauf pour un nombre restreint d'officiers reconnus spécialement aptes au service d'état-major et qui y seraient affectés. Cette École serait la pépinière des officiers supérieurs de choix, qui y recevraient un enseignement théorique et surtout pratique très complets. Elle pourrait, avec avantage, être transférée pendant une partie de l'année dans un camp, comme celui de Châlons, où l'on trouverait tous les moyens d'instruction pratique, par suite de la réunion fréquente de troupes nombreuses de toutes armes.

On créerait d'autre part une école du haut commandement. Seuls les colonels et lieutenants-colonels qui semblent susceptibles d'arriver aux hautes fonctions de l'armée y seraient admis — et sans concours — pour perfectionner leur instruction militaire, de telle sorte qu'on obtienne l'unité de doctrine nécessaire.

Nous pensons que l'ensemble de ces dispositions suffirait pour assurer dans de très bonnes conditions le recrutement de notre corps d'officiers.

3 avril 1903.

---

# HISTORIQUE DU GRADE DE CAPORAL

Au XVI^e siècle, le nom de caporal qu'on écrivait corporal ou caporion, et qui s'était substitué peu à peu à celui de caporal d'escadre, s'appliquait aussi bien à des chefs d'un ordre élevé qu'à des chefs tout à fait subalternes. Montgeron, écrivain militaire français, appelle même encore, en 1615, le caporal « un petit lieutenant de roi dans une escouade ».

Mais, dès le commencement du XVII^e siècle, le caporal fut un gradé subordonné au sergent, avec une solde inférieure à celle de ce dernier (10 florins par mois au lieu de 18).

Il n'y en eut d'abord que dans les mousquetaires ; lorsque ceux-ci étaient rangés sur le champ de bataille, ils les encadraient conjointement avec les anspessades (soldats de 1^re classe), un rang de mousquetaires ayant à sa droite et comme premier homme le caporal, à sa gauche et comme dernier homme, l'anspessade. Le caporal était donc, dès lors, comme il l'a toujours été depuis, un homme du rang, tandis que le sergent était hors des rangs et derrière eux dans le combat.

Quand les mousquetaires rompaient les rangs pour se porter en tirailleurs, le caporal en prenait la tête, et, comme dit Walhausen « étant à la pointe, il donnait bon courage aux autres et en toute occasion montrait par son exemple ce que les soldats devaient faire de leurs armes ». Il justifiait ainsi son nom de caporal ou cap d'escadre (cap, caput : tête).

Peu à peu, l'idée de l'escouade formant une unité permanente se précise et, en même temps, sa force s'abaisse pour atteindre le nombre d'hommes pouvant vivre facilement ensemble en campagne. On ne retrouve plus seulement le caporal chez les mousquetaires, mais dans toutes les armes à pied. Walhausen (*Art Militaire*, 1615) donnait, pour une compagnie de 150 mousquetaires, 3 caporaux et 3 anspessades, ce qui, même en comptant ces derniers comme fonctionnaires caporaux, donnerait 25 hommes par escouade.

Dans les projets que fit Vauban en 1691 pour les compagnies du génie et de l'artillerie, (cette dernière était alors une arme à pied), il était prévu quatre caporaux pour les compagnies de bombardiers et de mineurs, comptant 58 hommes, et douze pour celles de sapeurs, qui en avaient 188, ce qui fait 14 à 15 hommes par caporal.

Dans la première moitié du XVIII$^{e}$ siècle, la compagnie d'infanterie était fractionnée en trois escouades (*Dictionnaire militaire de La Chesnaye*, 1745), chacune étant commandée à tour de rôle pour le service de garde, principal service de ce temps-là. La force moyenne des escouades était alors de 10 hommes, y compris le caporal. C'était comme un retour aux dizeniers des Romains, bien que cette réunion de 10 hommes sous un chef fût peut-être surtout une conception tactique chez les Romains, puisqu'elle correspondait à la profondeur de leurs files dans l'ordre de combat de la légion.

On n'est jamais descendu beaucoup au-dessous de ce chiffre de 10 hommes par escouade dans les organisations régulières. L'état de l'infanterie pour 1744 (*Une campagne du maréchal de Saxe*, par le capitaine Colin) porte, dans les compagnies française ou irlandaise, 3 caporaux pour un effectif de 35 hommes, soit 11 hommes par escouade, et, dans les compagnies de grenadiers, 3 caporaux pour 40 hommes, soit 13 hommes par escouade.

L'ordonnance du 17 mars 1788 prévoyait dans les compagnies d'infanterie huit escouades pour 10 appointés, 80 fusiliers et deux tambours, soit environ 11 hommes par escouade.

C'est également la force moyenne de l'escouade pendant les guerres de la Révolution et de l'Empire.

Dès le milieu du XVI^e^ siècle, les fonctions du caporal sont fixées, au moins en garnison, soit pour le service de garde, soit pour celui de la caserne. Ce gradé était, à tous égards, immédiatement responsable de son escouade ; il l'était même des vivres et des munitions de ses hommes, seulement il paraît l'avoir été vis-à-vis de son capitaine et non du sergent.

A partir du XVII^e^ siècle, et toujours depuis lors, le caporal s'est distingué du sergent parce qu'il partageait en tout, excepté pour la faction et les corvées, la vie du soldat et ne recevait que les mêmes fournitures. Un règlement de 1651 spécifiait que le caporal ne recevrait que l'ustensile du soldat, serait habillé du même drap et traité en tout comme lui. Un autre règlement de 1653 ne distinguait pas administrativement le caporal du soldat.

D'après le projet de compagnie de sapeurs établi par Vauban en 1691, on voit que « caporal » et « chef d'escouade » étaient déjà synonymes. Vauban dit en effet « que pour les trois brigades de cette compagnie, à 4 escouades par brigade, il y faut 12 caporaux ». On y remarque également que le caporal avait alors, comme déjà en 1615, son second, mais celui-ci avait changé son nom « d'anspessade » en celui « d'appointé ». Vauban dit, en effet, au sujet de ces appointés : « Je n'en mets qu'un par escouade pour servir de lieutenant aux caporaux ». Ce sont les soldats de première classe d'aujourd'hui.

En 1767, le caporal reçut pour la première fois un signe distinctif de son grade : le double galon, qui l'a toujours caractérisé depuis et fut d'abord en fil blanc.

Pendant le XVIIe siècle, il n'y avait pas de rapport constant et régulier entre le caporal et le sergent, en dehors de la subordination quand ils commandaient ensemble. Le nombre des caporaux était généralement égal, quelquefois inférieur, à celui des sergents et même à celui des officiers. Dans son projet de compagnie de bombardiers et de mineurs, Vauban proposait 5 officiers pour 4 sergents et 4 caporaux.

Il en résultait que chaque sergent avait d'ordinaire un caporal sous ses ordres et ne commandait pas plus d'hommes que lui, mais les commandait de plus loin. Quand les lieutenants étaient également aussi nombreux que les sergents, ils ne pouvaient guère que prendre à leur tour le commandement de la même escouade qui se trouvait alors avoir trois chefs échelonnés.

Pour diminuer sans doute les inconvénients de cette bizarre organisation, le caporal était seul chef immédiat de l'escouade, et il semble en avoir été toujours seul responsable à l'égard du capitaine. Les autres chefs, qui ne la commandaient pas directement, n'avaient donc guère qu'à l'entraîner quand elle chargeait l'ennemi.

Vers la fin du XVIIIe siècle, le principe qu'un chef doit commander personnellement et avoir plusieurs sous-ordres à la fois commence à s'établir lentement. L'ordonnance du 17 mars 1788 établit que le nombre de caporaux serait le double de celui des sergents. La compagnie de fusiliers sur le pied de paix fut divisée en 8 escouades, commandées chacune par un caporal ; deux escouades formèrent une subdivision, commandée par un sergent, et deux subdivisions une division, commandée par un officier.

Dès lors, le sergent cessa de commander les mêmes hommes que le caporal ; il ne commanda plus que des caporaux, et ceux-ci devinrent responsables de leur escouade envers lui, au lieu de l'être, comme auparavant, immédiatement envers le capitaine. La distinction fut, par suite, nettement établie entre le commandement du caporal, une escouade, et celui du sergent, deux escouades.

D'après cette ordonnance de 1788, les chambrées et ordinaires sont établis conformément à l'ordre des escouades, subdivisions et divisions. Le caporal répond envers le sergent de la police, de la propreté, de la discipline, de l'exécution des ordonnances ou des ordres particuliers..., etc... « La force des chambrées, dit-elle encore, étant subordonnée à l'espace des chambres et au nombre des lits, il ne peut rien être établi de fixe à ce sujet, mais les ordinaires seront toujours de 12 à 15 hommes, cette proportion ayant été reconnue la plus avantageuse pour l'économie ainsi que pour la facilité de la vie du soldat. » Tant qu'il était possible, on devait respecter l'unité de l'escouade, soit pour les chambrées, soit pour les ordinaires, et c'était facile pour ces derniers, puisque l'escouade était en moyenne de 12 hommes, la compagnie de 97 hommes en comprenant 8.

Le règlement sur le service intérieur de 1792 ne changea rien à l'état et aux fonctions de caporal. Nous y voyons, au titre premier, que le soldat obéit au caporal, le caporal au sergent, etc., et que les caporaux sont responsables de leurs escouades envers le sergent. Il spécifie encore que les caporaux logent avec les hommes de leur escouade et ne peuvent se dispenser, non plus qu'eux, de manger à l'ordinaire.

Le règlement de 1792 a duré pendant toute la période impériale, et tous ceux qui ont paru depuis, y compris celui du 12 novembre 1833, n'ont fait que reproduire les mêmes dispositions.

Pendant tout le XVIII^e^ siècle, les écrivains ont varié sur le classement de caporal, les uns le rangeant dans les bas-officiers, les autres le classant à part. Le dictionnaire de l'Académie de 1764 le comptait même comme un soldat. Cette confusion, entretenue par les règlements eux-mêmes qui se contredisent souvent à ce sujet, n'a cessé en réalité qu'en 1818, où il fut réglé formellement que le caporal n'était pas sous-officier.

Mais la différence n'a jamais été en réalité, que dans les mots. Dès la formation de l'escouade, c'est-à-dire depuis la fin du XVII^e siècle, le caporal a formé dans la hiérarchie militaire une classe à part, intermédiaire entre celle du sous-officier et celle du soldat. Depuis le règlement de 1788 jusqu'en 1818, on crut simplifier l'énumération des grades en comprenant le caporal dans la classe des sous-officiers. Il est, en effet, plus commode et plus rapide de dire sous-officiers et soldats pour désigner en deux mots tous les hommes de troupe. On a cru y voir la suppression des caporaux, remplacés par des sous-officiers. C'est une erreur. Dans le fait, la distinction existait toujours, très nette. Ainsi, quand on examine dans le détail l'ordonnance de 1788, on voit, dans les sous-titres même des chapitres, reparaître les caporaux, le plus souvent mêlés dans le même article avec les soldats. Ils ont à faire le même salut qu'eux, en portant la main au chapeau, tandis que les sous-officiers se découvrent. Les dettes des caporaux sont considérées comme celles des soldats et non comme celles des sous-officiers. Dans la formule de reconnaissance des sergents-majors, on disait expressément : « Bas-officiers, caporaux et soldats, vous reconnaîtrez.... » etc. Les sergents n'étant tirés que des caporaux et les caporaux des soldats ou appointés, l'échelon de caporal était ainsi nécessaire pour passer sergent, etc.

Par contre, il y avait des différences essentielles entre les caporaux et les soldats. Ainsi, la punition des coups de plat de sabre, introduite en 1776, et que l'ordonnance de 1788 confirmait, était réservée aux soldats et ne pouvait être infligée aux caporaux. Ils étaient exempts de corvée et de faction, avaient une solde supérieure et des galons.

D'ailleurs, comme précédemment, les caporaux couchaient et mangeaient avec leur escouade et recevaient les mêmes fournitures que les soldats ; sous ce rapport, il n'y avait pas de distinction entre eux.

On voit donc que le caporal de 1788 était absolument, dans ses traits principaux, le caporal d'aujourd'hui. Le caporal était bien alors, comme depuis la fin du XVII$^{e}$ siècle et comme aujourd'hui, le premier et le plus bas échelon de la hiérarchie, l'escouade étant l'organisme militaire élémentaire.

20 avril 1904.

---

# DE LA SUPPRESSION DU GRADE DE CAPORAL

Parmi les idées émises au cours de la polémique engagée à l'occasion du projet de loi sur le service de deux ans, il en est une sur laquelle il semble utile de s'arrêter : c'est celle qui concerne la suppression du grade de caporal, compensée par une augmentation du nombre des sous-officiers.

Les partisans de cette réforme invoquent à l'appui de leur manière de voir ce qui se passe en Allemagne ; mais cet argument ne saurait nous sembler probant, car tout ce qui existe au delà du Rhin n'est pas à imiter. Les institutions militaires doivent être en harmonie avec le caractère et les mœurs de la nation, par suite varier d'un pays à l'autre.

Dans l'armée allemande, il y a deux catégories bien tranchées, entre lesquelles existe une démarcation absolue : les gradés, qui sont des agents d'impulsion, et les soldats, qui forment un élément purement passif.

En France, on ne saurait réduire l'homme à cet état de passivité pure. Dans un régiment il existe, il doit exister une certaine communauté de pensées, de sentiments, entre tous ceux qui en font partie, depuis le colonel jusqu'au soldat.

Le caporal, premier des gradés, qui vit constamment avec le soldat, qui prend ses repas avec lui, qui couche dans la chambrée, forme le lien naturel et nécessaire entre le soldat et le sous-officier ; celui-ci vivant déjà loin du contact permanent des hommes, prenant ses repas à part, ayant sa chambre particulière à la caserne ou logeant même le plus souvent en ville quand il est marié.

C'est dans les fonctions de caporal que le gradé, vivant constamment de la vie du soldat, est à même de mieux se rendre compte de ce qu'on peut et doit demander à chacun, des fatigues imposées par certaines corvées, des inconvénients qui résultent, pour le bien-être des hommes, d'irrégularités dans le service souvent légères en apparence. Celui qui a vu ses subordonnés, camarades d'hier, souffrir de ne pouvoir sécher leurs vêtements mouillés, à la rentrée d'un exercice ou d'une marche, faute de charbon, fera sans doute attention quand il sera sergent, sergent-major ou adjudant, à ce que les chefs de chambrée touchent tout le combustible qui leur revient et à ce qu'il soit ménagé ; celui qui a vu ses hommes manger leur gamelle tant bien que mal à la hâte, pour se rendre à un service, ou se priver de déjeuner parce que leur gamelle était froide au moment où ils étaient libres, veillera plus tard à ce que l'heure de la soupe soit respectée et à ce que l'on conserve chauds les aliments de ceux qui sont absents pour le service.

Le soldat ne saurait, d'ailleurs, acquérir suffisamment cette expérience, car, n'ayant pas de responsabilité, il ne songe généralement qu'à lui et ne regarde guère autour de lui. S'il est fort, s'il est intelligent, et surtout s'il a un peu d'argent, il traverse souvent son stage de soldat sans se rendre bien compte, presque sans se douter, du sort plus dur de certains de ses camarades.

Aussi nous semble-t-il que la suppression du grade de caporal aurait pour résultat de rendre le poids de la discipline plus lourd, parce que les gradés auraient chance de se montrer moins soucieux des petits détails du métier, qui ont souvent pour le bien-être des hommes une importance réelle, et aussi moins pitoyables aux faiblesses, aux petits écarts dont ils ne connaîtraient pas bien les causes, qui souvent plaident l'indulgence.

Ce qu'on reproche le plus fréquemment au grade de caporal, c'est que, le titulaire de ce grade vivant constamment avec les hommes, la démarcation qui doit exister entre le chef et le camarade est souvent pour lui difficile à établir et que, parfois, le chef termine par une punition une discussion commencée entre camarades.

Il y a du vrai dans cette critique ; mais pour faire disparaître en grande partie l'inconvénient signalé, il suffirait d'enlever au caporal le droit d'infliger des punitions en ne lui laissant que celui de les demander au commandant de compagnie, d'escadron ou de batterie. Cette mesure, nous voudrions d'ailleurs la voir étendre à tous les sous-officiers, et même aux sous-lieutenants et lieutenants non commandants d'unités, persuadé que cela ne saurait nuire en rien à la discipline et même ne pourrait que la raffermir en augmentant les garanties de justice et de pondération dans la répression des fautes commises. Un gradé, quel qu'il soit, qui constate une faute dans le service journalier, ne devrait jamais infliger immédiatement, de vive voix, une punition ferme, de quelque nature que ce soit, mais dire simplement « vous serez puni » et infliger ou faire infliger plus tard la punition, à tête reposée, après avoir examiné le livret de l'intéressé et avoir entendu au besoin ses explications.

Lorsqu'on prononce une punition sous le coup de l'irritation, sans connaître ou avoir bien présents à l'esprit tous les antécédents du soldat qui a commis la faute, la répression risque fort de ne pas être en rapport avec le degré réel de culpabilité de l'homme puni.

Mais s'il est désirable de voir enlever aux caporaux le droit de punir, il faudrait, par contre, relever leur situation, de manière à rendre plus faciles leurs fonctions. Ces fonctions sont, en effet, très délicates, et souvent très pénibles, par suite de la promiscuité continuelle avec les soldats, dans laquelle s'affaiblit forcément leur autorité, nécessaire cependant, car il ne saurait y avoir sans elle de responsabilité.

Dans cet ordre d'idées, on pourrait exiger plus strictement qu'aujourd'hui le salut de leurs subordonnés, améliorer leur habillement, augmenter leur solde, qui, jadis intermédiaire entre la solde du sous-officier et du soldat, se rapproche beaucoup trop actuellement de celle de ce dernier, enlever aux sous-officiers le droit de les punir, si on ne réserve pas ce droit, comme il a été dit, aux commandants d'unités, etc...

Il faudrait, en un mot, améliorer la situation du caporal comme on a amélioré celle des sous-officiers depuis 20 ans, et dans les mêmes proportions.

L'importance du grade de caporal n'est pas moins grande, si l'on considère son rôle en campagne. Les caporaux, connaissant bien tous leurs hommes, placés dans le rang au milieu d'eux, auront une grande influence au point de vue de la discipline pendant les opérations et de la valeur de la troupe au feu, d'autant plus qu'avec la réduction du temps de service qui, demain, sera de deux ans, et, dans un avenir plus ou moins éloigné, de dix-huit mois peut-être, la majorité des caporaux devront être des rengagés.

On n'obtiendrait pas le même résultat en remplaçant les caporaux par des sous-officiers. L'entretien de ces derniers revenant, en effet, relativement cher, la suppression de 8 caporaux de l'activité dans chaque compagnie ne permettrait d'augmenter que de deux ou trois unités le nombre des sous-officiers, à moins d'admettre un accroissement de dépenses. On aurait donc des cadres subalternes qui, d'un côté, ayant un contact moins immédiat avec la troupe, risqueraient d'avoir sur elle une action moindre et, de l'autre, seraient numériquement insuffisants.

Il faut remarquer que dans l'armée allemande, où le grade de caporal n'existe pas, où l'homme est admirablement dressé à son rôle purement passif par une discipline très dure, le nombre des sous-officiers est considérable : 80 500 ; et cependant, il est jugé encore insuffisant, puisque l'autorité militaire en a demandé l'augmentation au dernier budget. En France, déduction faite des troupes d'Algérie, il existe environ 40 000 sous-officiers ; ce nombre pourrait être porté à 50 000 si l'on supprimait les caporaux en les remplaçant par des sous-officiers sans augmentation de dépenses. Cela donnerait des cadres bien faibles. Une compagnie ayant 6 sous-officiers et 8 caporaux rengagés nous paraît bien supérieure comme encadrement à une unité qui n'aurait que 8 ou 9 sous-officiers.

Le grade et la fonction de caporal existaient déjà dans les armées françaises au XVII^e siècle. Depuis lors, on les a toujours conservés et on s'en est bien trouvé pendant les longues et nombreuses guerres du dernier siècle. Il ne semble pas que les modifications qui ont pu être apportées à notre organisation militaire ou à la tactique puissent réellement motiver aujourd'hui leur suppression.

15 avril 1905.

---

# NANCY VILLE OUVERTE

Lorsque la crise marocaine atteignait sa période aiguë, l'attention s'est naturellement portée sur les incidents qui marqueraient les premières hostilités en cas de guerre avec l'Allemagne, et la vieille querelle s'est de nouveau réveillée entre partisans et adversaires de la fortification de Nancy.

Les premiers ont fait valoir le grand intérêt que présenterait la mise en état de défense de cette ville, une des plus importantes de notre frontière de l'Est, ils ont mis en lumière l'impression néfaste que produirait dans toute la France la nouvelle de l'occupation de Nancy par l'ennemi, risquant de semer le découragement, sinon la panique.

Les seconds ont fait observer que si les forts et les camps retranchés présentaient de grands avantages, ils avaient par contre l'inconvénient d'exiger pour leur défense un grand nombre de troupes; qu'il ne fallait par suite pas en abuser. Ils ajoutaient que les batailles d'où dépendrait le sort de la guerre seraient livrées en rase campagne et qu'il fallait par suite conserver aux armées le maximum d'effectifs possible. On devait, à leur avis, se contenter d'élever les fortifications strictement nécessaires pour couvrir la mobilisation et permettre le rassemblement des armées, lesquelles, loin de garder la défensive, prendront vigoureusement l'offensive, premier gage du succès.

Les deux théories peuvent également se soutenir.

On peut admettre que tous les points importants de la frontière soient fortifiés, de manière à mettre à l'abri les grands centres de population qui peuvent fournir aux armées des ressources précieuses et faire obstacle à l'offensive de l'adversaire. Mais il faut alors, dès le temps de paix, accumuler les troupes sur la frontière, de telle sorte que les garnisons des places fortes ne viennent pas porter préjudice aux effectifs des troupes de campagne.

On peut également laisser ouvertes, à la discrétion de l'ennemi, certaines villes importantes de la frontière, et se contenter de fortifier les points stratégiques jugés nécessaires pour créer un rideau solide à l'abri duquel puissent se faire la mobilisation et la concentration de l'armée. Les populations exposées ainsi aux premiers coups de l'ennemi ne sauraient évidemment se ranger à ce système, mais il ne présente par contre aucun inconvénient au point de vue militaire, si l'on a pris soin de ne pas créer d'établissements militaires, de grands dépôts d'approvisionnements ou de matériel dans les villes laissées ainsi sans défense. Il est prudent d'autre part de bien faire connaître d'avance son intention d'abandonner sans combat les villes ouvertes, afin que leur évacuation, nécessitée par la concentration des troupes, et, le cas échéant, leur occupation momentanée par l'ennemi n'entraînent aucun découragement, aucune émotion ni même aucun étonnement.

A la suite de la guerre de 1870, nous avons adopté cette dernière manière de voir. Nos troupes ont été réparties sur tout le territoire national, en gardant seulement dans l'Est les troupes dites de couverture, dont l'effectif a été calculé de manière à leur permettre de faire face aux premières attaques de l'ennemi en cas de brusque déclaration de guerre. Notre rideau défensif a été formé par la ligne fortifiée Verdun-Toul et Épinal-Belfort.

Nancy, qui était un peu excentrique, a été laissée en dehors et par suite on s'est contenté d'y installer une assez forte garnison, mais sans y créer d'établissement militaire ni de grands magasins. Je suis de ceux qui le regrettent et qui auraient voulu voir Nancy devenir une grande place forte aussi considérable que sa sœur lorraine, la ville de Metz, située aujourd'hui hélas! de l'autre côté de la frontière. Il me semble que plus la concentration des troupes françaises qui suivra la mobilisation de l'armée se fera près de la frontière, plus l'idée d'offensive hardie qui m'est chère semblerait s'imposer.

Mais en l'état actuel, on doit reconnaître qu'il est trop tard pour songer à fortifier Nancy et que les plans de campagne adoptés en conséquence ne sauraient être profondément modifiés.

Si la guerre avait éclaté à propos de l'incident du Maroc, nous sommes persuadés que les Nancéens, si braves, si patriotes, auraient eu assez foi dans le succès de nos armes pour supporter fermement l'épreuve qui leur aurait été imposée, et ne regarder le départ des troupes de la garnison que comme momentané.

En France, tous les gens sérieux auraient sans nul doute envisagé la chose du même œil, et l'évacuation de Nancy, son occupation probable par les avant-gardes ennemies, n'auraient produit aucune émotion.

A la guerre, ce qu'il importe, c'est d'avoir le succès final.., et qui sait, après tout, si les bataillons et batteries économisés sur la forte garnison qu'il faudrait créer pour assurer la défense de Nancy, ne nous assureront pas la victoire décisive dans les plaines de la Champagne ou de la Lorraine.

17 décembre 1905.

---

## L'ORGANISATION DES FORCES DE POLICE AU MAROC

L'organisation des forces de police nécessaires pour assurer la sécurité et le maintien de l'ordre au Maroc est une des questions les plus importantes que les Plénipotentiaires de la Conférence d'Algésiras auront à examiner. Or, il paraît que les différentes puissances intéressées préconisent chacune un système différent, auquel elles tiennent essentiellement, ce qui fait craindre que l'accord ne soit difficile à établir.

Il faut reconnaître qu'elle est fort délicate, cette question de l'organisation des forces de police dans un pays ayant un gouvernement faible et qui est l'objet d'une sourde lutte d'influences de la part des différentes nations désirant s'y créer des débouchés commerciaux.

Ces forces de police indispensables pour assurer l'ordre et la sécurité, sans lesquelles on ne peut mettre le pays en valeur, risquent, en effet, de paraître à un moment donné une menace pour son indépendance.

D'autre part, la nation qui fournira les cadres de la force de police, ayant chance de voir, de ce fait, augmenter son influence, il est à craindre qu'elle ne porte ombrage aux autres puissances intéressées.

Enfin, les nations dont le territoire est limitrophe du Maroc ont un intérêt direct et de premier ordre à ce que les forces de police, suffisantes pour assurer l'ordre et tranquillité, ne soient jamais assez nombreuses, assez bien armées, pour pouvoir, à un moment quelconque, constituer un danger ou même créer des difficultés sérieuses sur la frontière.

La France est, sans contestation possible, la plus directement intéressée à l'heureuse solution du problème et le système qu'elle préconisera doit dépendre de ses projets ultérieurs.

Si nous n'avons aucune visée sur le Maroc, on ne voit pas quel intérêt nous aurions à assumer seuls la charge délicate de fournir les forces de police. Il ne s'agirait, en effet, que de créer une organisation momentanée, permettant de rétablir l'ordre dans le pays et d'assurer le recrutement et l'instruction des éléments tirés de la population indigène qui, plus tard, assureront seuls ou presque seuls le maintien de la tranquillité. C'est une mesure d'intérêt commun, dont tout le monde doit également bénéficier, puisqu'elle assurera le calme nécessaire au développement économique du pays. Toutes les nations doivent par suite supporter une partie des sacrifices en hommes et en argent que coûtera cette mesure.

Dans cet ordre d'idées, il semble qu'on pourrait admettre l'organisation d'une gendarmerie internationale, dont les cadres officiers et sous-officiers appartiendraient aux différentes puissances qui en manifesteraient le désir et proportionnellement aux intérêts qu'elles ont dans le pays, par exemple : France : 5. — Angleterre : 3. — Espagne : 2. — Allemagne : 1 — et Italie : 1.

Il serait logique de confier le commandement de la gendarmerie à un officier représentant la puissance la plus directement intéressée au maintien de l'ordre, en raison de sa situation géographique et de l'importance de ses intérêts commerciaux au Maroc.

La langue adoptée dans le service serait celle du commandant de la gendarmerie et devrait être connue de tous les gradés européens.

Le commandant de la gendarmerie étant responsable de son organisation, de son instruction et jusqu'à un certain point de son emploi, aurait toute latitude pour utiliser au mieux des intérêts du service les éléments dont il disposerait en les répartissant et en les groupant de la manière qu'il jugerait préférable.

Au début, les effectifs des cadres européens seraient fixés, suivant les nécessités et sur la proposition du commandant de la gendarmerie, par les puissances intéressées, d'accord avec le Sultan du Maroc. Au fur et à mesure du rétablissement de l'ordre et des progrès de l'instruction des indigènes, les cadres européens seraient diminués, en ayant soin de maintenir toujours la proportion fixée entre les contingents des différentes nations. Ils seraient entièrement supprimés le jour où cette mesure deviendrait possible sans inconvénient.

Le gouvernement marocain procurerait tous les objets nécessaires à la gendarmerie par voie d'adjudications publiques, auxquelles chacun serait libre de prendre part, sans distinction de nationalité.

Il semble que ce système concilierait autant que possible les différents intérêts en présence : ceux du Sultan dont la situation se trouverait rapidement affermie, ceux de la France, n'ayant plus aucune difficulté sérieuse à redouter sur sa frontière d'Algérie et ceux des différentes nations en relations de commerce avec le Maroc qui bénéficieraient du rétablissement de l'ordre et pourraient, moyennant quelques sacrifices, collaborer à l'œuvre de civilisation et de progrès, qui nous a surtout tentés dans les affaires marocaines.

Mais les traités conclus avec l'Angleterre et l'Espagne au sujet du Maroc laissent supposer que nous avons l'intention d'étendre peu à peu notre influence dans ce pays et peut-être même d'y établir un jour notre protectorat. S'il en était ainsi, nous devrions évidemment nous efforcer d'obtenir qu'on nous laissât le soin d'organiser seuls les forces de police et d'en fournir les cadres. Notre diplomatie aurait ainsi le temps de négocier avec les puissances qui ont des intérêts dans ces régions, afin d'établir, le plus tôt possible, des accords qui, moyennant les dédommagements jugés utiles, nous laisseraient les mains entièrement libres, le moment venu, et nous permettraient d'agir alors à notre convenance, sans risquer des oppositions pouvant soulever un conflit gros de conséquences.

Février 1906.

---

# LE MAROC ET LE CONGO

Alors que les discussions de la conférence d'Algésiras occupaient tous les esprits, nous émettions l'idée que si la France avait l'intention d'étendre son influence au Maroc et d'y établir peut-être un jour son protectorat, il serait nécessaire, lorsqu'elle aurait assumé seule la charge d'organiser les forces de police dans le pays, d'entrer en négociations avec les différentes puissances intéressées, afin d'établir le plus tôt possible des accords qui nous laissent toute liberté d'action.

Il semble que beaucoup de temps ait été perdu à cet égard, ce qui risque de nous créer aujourd'hui de sérieuses difficultés.

Nous avons, il est vrai, obtenu depuis longtemps un blanc-seing de l'Angleterre en échange de l'abandon de certains privilèges en Égypte et à Terre-Neuve, tandis que l'Espagne a reçu satisfaction par la reconnaissance d'une zone d'influence importante sur le versant méditerranéen. L'Italie, d'autre part, se gardera certainement de faire obstacle à nos désirs, si elle sait que, par contre, nous sommes disposés à lui laisser, le moment venu, les mains libres du côté de la Tripolitaine et de la Cyrénaïque. Mais il reste l'Allemagne, qui, sans avoir des intérêts considérables au Maroc, voudra sans nul doute tirer également profit de la situation. Et il est difficile de prévoir quels avantages, quelles compensations lui donneraient satisfaction.

On a vaguement parlé d'une cession par la France de tout le moyen Congo, ayant pour résultat d'étendre le Cameroun allemand jusqu'au fleuve, c'est-à-dire jusqu'à la frontière du Congo Belge. Il serait surprenant que cette solution pût être sérieusement envisagée.

Les colonies dont la conquête a été payée du sang de nos marins et de nos soldats, de même que celles qui se sont données librement à nous, sont le prolongement de la France, dont elles font en réalité partie. Il ne paraît pas admissible qu'on puisse les vendre ou les échanger contre d'autres territoires plus fertiles ou plus à notre convenance, comme on se défait de propriétés qui auraient cessé de plaire. Dans l'histoire de la France, on ne pourrait trouver qu'un fait analogue, la vente de la Louisiane par Napoléon Ier, et encore a-t-elle été uniquement dictée par la persuasion que cette colonie nous devait être fatalement enlevée à brève échéance, par des adversaires maîtres des mers.

Si l'on entrait dans cette voie, quel loyalisme pourrait-on espérer désormais des populations indigènes qui seraient tentées de considérer comme bien fragiles les liens les unissant à la métropole, puisque leurs territoires risqueraient de devenir à un moment donné des objets d'échange ?

Si aujourd'hui nous donnions une partie de notre Afrique Équatoriale pour acquérir un protectorat sur les bords de la Méditerranée, pourquoi une semblable question ne pourrait-elle se poser un jour au sujet du Cambodge, du Tonkin ou de Madagascar ?

Il est d'ailleurs évident que par contre, peuvent être facilement admises des rectifications de frontière, même d'une certaine importance ; elles sont souvent également avantageuses pour les colonies voisines. En limitant nettement le domaine de chacun, en lui réservant autant que possible des voies de communications non interrompues, on fait disparaître de nombreuses causes de conflit.

Abstraction faite de cette question de principe, il importe de se rendre compte des conséquences de la perte du Moyen Congo.

Nos possessions d'Afrique forment un tout dont les différentes parties peuvent communiquer entre elles et se prêter, en cas de besoin, un mutuel appui. Mais, en raison de la longueur et des difficultés que présentent les voies de communications tracées à l'intérieur de l'Afrique, le commerce est forcé de suivre les routes traversant le Moyen Congo pour se rendre dans le Haut Oubanghi, le Haut Congo et la région du lac Tchad. Couper ces routes de pénétration en abandonnant une partie des contrées qu'elles traversent, isoler l'un de l'autre le Haut et le Bas Congo, c'est détruire toute perspective d'avenir pour les territoires qui n'auraient plus désormais facile accès à la mer.

Il est vrai que beaucoup d'esprits mettent en doute la valeur de cette colonie et vont même jusqu'à regretter les très modestes dépenses qu'elle occasionne actuellement. Ils ont peut-être raison à l'heure présente, mais qui saurait prévoir ce que l'Afrique deviendra dans l'avenir?

Pendant de très longues années les voies fluviales auront dans ces contrées une importance primordiale ; or, les pays que nous devrions sacrifier sont ceux qui assurent les communications entre les trois grands fleuves africains : le Nil, le Niger et le Congo !

On doit se demander, d'autre part, quel serait l'effet moral produit sur toutes les populations africaines par notre abandon du Moyen Congo, régions conquises et occupées par nos troupes sénégalaises. Il est évident que l'évacuation du pays serait considérée par le plus grand nombre comme une preuve de faiblesse de notre part. Aux yeux des nègres, il faut avoir été définitivement vaincu pour laisser prendre ses terres par les vainqueurs. Notre prestige risquerait donc d'être plus ou moins atteint, ce qui peut avoir des conséquences qu'on ne saurait prévoir. Notre principale force en Afrique réside dans le prestige qui nous entoure. « Français, premiers des blancs, Sénégalais, premiers des noirs » disent fréquemment les indigènes, et cette confiance aveugle en notre force peut seule nous permettre d'assurer la garde de notre immense empire africain, avec des effectifs insignifiants.

Du reste, devons-nous considérer qu'en toute équité il soit nécessaire de faire le sacrifice d'une de nos possessions, même de faible importance, pour accorder à une puissance quelconque une compensation, en raison du rôle que nous désirons jouer au Maroc ? Nous ne le pensons pas.

D'après les pourparlers engagés avec les différentes nations ayant des intérêts au Maroc, nous admettrions pour ce pays le principe de la porte ouverte, c'est-à-dire de l'entière liberté commerciale, nous n'aurons donc aucun avantage particulier à y espérer au point de vue économique. Nous ne revendiquerons que la liberté d'action politique, qui est motivée par la proximité de l'Algérie, et on ne peut se dissimuler qu'elle aura comme contre-partie de très lourdes charges. Nous devrons assurer le maintien de l'ordre dans un pays difficile, habité par des tribus guerrières, divisées entre elles et généralement hostiles aux Européens. Tout sera à créer et on sera privé des revenus que pourraient procurer les douanes, principales ressources de tous les pays neufs.

La France estimant cependant qu'il est de son intérêt d'étendre son autorité sur le Maroc, même dans des conditions onéreuses, il est naturel qu'elle s'efforce d'accorder aux différentes puissances susceptibles de lui créer des difficultés des avantages propres à lui assurer leur bienveillante neutralité ; chacun tirant ainsi un bénéfice quelconque de la situation nouvelle.

Mais il semble que ces avantages ne devraient pas logiquement se traduire par des cessions de territoires, puisque nous-mêmes n'en acquérons pas. Il serait plus naturel que la liberté d'action politique que nous voulons obtenir au Maroc fût compensée par une liberté d'action politique sur d'autres parties du globe, accordée aux puissances intéressées. C'est dans cet ordre d'idée que l'Angleterre a obtenu de nous des concessions en Égypte, et qu'on laisserait sans doute, le moment venu, toute liberté d'action à l'Italie du côté de la Tripolitaine. L'Allemagne n'aurait-elle pas en vue, elle aussi, des régions où elle pourrait désirer qu'on n'entravât pas son action ?

Il serait, d'autre part, possible d'accorder pour

le Cameroun les rectifications de frontières reconnues utiles, et peut-être pourrait-on trouver sur le terrain économique le moyen d'accorder des compensations jugées suffisantes.

Céder à une autre puissance une partie quelconque de notre domaine colonial serait, à notre avis, assumer une responsabilité bien lourde!

Le 5 juillet 1911.

---

## LE CONFLIT TURCO-BULGARE

Des nuages semblent s'accumuler de nouveau du côté des Balkans, où la diplomatie aura sans doute fort à faire pour empêcher Turcs et Bulgares d'en venir aux mains.

Malheureusement la Bulgarie, comme toute nation énergique et ayant foi dans son avenir, aspire à un débouché vers la mer libre. Elle est entraînée vers la mer Egée par le même rêve qui a poussé la Russie vers Constantinople, puis vers la Chine, et ce avec d'autant plus de force que la riche Macédoine fut au moyen âge le centre du gouvernement bulgare ; on ne saurait l'oublier à Sofia.

Avec ses idées de conquête, la Bulgarie est forcément une nation militaire. La plus grande partie des ressources de son budget, comme de ses emprunts, est consacrée au perfectionnement de son armée et à l'achat de matériel de guerre. De tels sacrifices sont de nature à faire craindre qu'elle ne consente plus longtemps à rester enfermée dans ses frontières actuelles, si elle n'y est contrainte par de sanglantes défaites.

Une considération semble cependant pouvoir retarder plus ou moins longtemps l'éclosion d'un conflit avec la Turquie, c'est l'espérance pour la Bulgarie d'obtenir un jour des alliances et des appuis susceptibles d'immobiliser une partie des forces ennemies sur les frontières de la Serbie, du Montenegro et de la Grèce, augmentant ainsi notablement ses chances de succès.

La Bulgarie est aujourd'hui, avec la France, la nation qui donne l'instruction militaire à la proportion la plus forte de sa population. La durée totale du service dans l'armée active et dans la réserve est de 25 ans pour tous les hommes valides.

L'armée comprend en temps de paix; 72 bataillons, 30 escadrons, 63 batteries, donnant un effectif de 54 000 soldats, 9 000 chevaux et 324 canons.

En temps de guerre, les troupes de 1re et 2e ligne comprendraient; 216 bataillons, 51 escadrons, 86 batteries, soit 211 500 soldats, 17 650 chevaux et 516 canons.

Jusqu'en 1905, l'armement provenait exclusivement d'Allemagne, les batteries sortaient de l'usine Krupp. Depuis cette date, 71 batteries avec leurs caissons ont été fournies par le Creusot. L'infanterie est pourvue de mitrailleuses Maxim, du type russe.

L'organisation militaire de la Turquie n'a pas le

développement qu'on pourrait s'attendre à trouver dans un État de 25 millions d'habitants, tous les chrétiens et même de nombreuses catégories de musulmans étant exempts ou exclus du service militaire.

Néanmoins, l'armée compte en temps de paix : 341 bataillons, 208 escadrons, et 273 batteries, sans compter 1 067 bataillons de rédifs et d'ilavétabourlary (réserves) ainsi que 48 escadrons de rédifs. L'effectif est de 270 000 soldats, 22 000 chevaux et 1 300 canons.

En temps de guerre, les troupes actives peuvent comprendre ; 1 029 bataillons, 747 escadrons et 223 batteries, soit 800 000 soldats, 75 000 chevaux et 1 638 canons.

Les batteries de campagne et de montagne sont armées de canons Krupp, et par suite l'artillerie est de valeur sensiblement égale à celle de la Bulgarie. L'infanterie est munie de mitrailleuses Hotchkiss, du dernier modèle, que les enseignements de la guerre russo-japonaise ont montré très supérieures aux mitrailleuses Maxim.

Je ne connais pas personnellement l'armée bulgare, mais ceux qui l'ont sérieusement étudiée la considèrent comme une des meilleures et des mieux organisées parmi celles des puissances de second ordre.

Elle eut pour origine les 12 bataillons de volontaires bulgares, organisés en 1877 par l'état-major russe, bataillons qui, avec le détachement de Gourko, exécutèrent le fameux raid au delà des Balkans, et se signalèrent à la bataille de Stara-Tagara, et à la défense du col de Chipka. Depuis lors, comme nous l'avons dit, des efforts constants ont été faits pour le développement progressif et le perfectionnement de ces forces militaires.

Les Bulgares ont toutes les qualités qui font le bon soldat, ils sont disciplinés, énergiques, courageux.

Les officiers, qui ont tous la même origine, l'école militaire de Sofia, possèdent une instruction sérieuse. Beaucoup d'entre eux vont la compléter à l'étranger. Pendant l'été, presque toutes les troupes campent de longs mois sous la tente, groupées en des points où elles peuvent se livrer à de fréquents exercices, avec les trois armes combinées.

L'armée a donné en 1885 une preuve remarquable de sa mobilité et de son endurance en se portant avec une rapidité extraordinaire de la frontière turque, où elle était concentrée, vers la frontière serbe.

Il ne faudrait pas juger les troupes turques sur l'apparence que leur donne, en dehors de quelques grandes villes, un habillement presque misérable. Alors que je commandais en Crète, j'ai eu l'occasion de les voir souvent de près et de les apprécier.

On ne saurait faire trop d'éloges des soldats qui, très disciplinés, d'une sobriété exemplaire, acceptent sans murmurer toutes les fatigues, toutes les privations et bravent la mort avec un insouciant fatalisme.

Les Alaïli, officiers sortant du rang, ont en général une instruction peu étendue, mais ils vivent beaucoup de la vie de leurs hommes, dont ils s'occupent constamment ; les Mektébi, au contraire, qui sont les officiers sortis des écoles, ont une instruction théorique très complète.

Les officiers généraux avec lesquels j'ai eu de fréquents et agréables rapports, le maréchal Djewad pacha et le général de division Tewfick pacha, possédaient une grande intelligence et une haute culture intellectuelle ; dans leurs états-majors figuraient des officiers de réelle valeur.

Si, pendant la guerre turco-grecque, on a pu critiquer des indécisions et des lenteurs dans le haut commandement, tout le monde a dû reconnaître la rapidité et l'ordre avec lesquels s'était effectuée la mobilisation ainsi que le dévouement et l'endurance dont ont fait preuve au même degré, tous les soldats, soit du Nizam (armée active), soit du rédif (réserve).

En cas de conflit entre les deux puissances, l'armée bulgare, qui a un mode d'appel des réserves d'une grande souplesse permettant de tripler les effectifs de paix sans bruit et sans discussion au Parlement, comme d'ailleurs cela s'est déjà passé au cours de l'été 1903, s'efforcerait sans doute de prendre une offensive vigoureuse, de manière à brusquer autant que possible les événements. Il ne faut pas perdre de vue, en effet, que la mobilisation de toutes ses troupes exigera un effort considérable pour cette petite nation et qu'une lutte se prolongeant au delà de quelques mois la mettrait dans une situation critique.

Pour s'opposer à cette attaque, et prendre l'offensive à son tour, la Turquie disposera de troupes lui donnant une grande supériorité numérique, particulièrement en cavalerie.

Que sera dans les deux armées le haut commandement, ce facteur inconnu et si important qui constitue le principal aléa de la guerre? Nul ne peut le prévoir. S'il présente de part et d'autre des qualités sensiblement égales, l'issue de la lutte ne paraît pas devoir être douteuse, en raison de la supériorité numérique de la Turquie. Il semble du reste qu'une intervention étrangère aurait chance de se produire le moment venu, pour empêcher le vainqueur quel qu'il soit de recueillir tous les fruits de sa victoire. C'est une raison de plus pour que les véritables amis de la Bulgarie comme de la Turquie s'efforcent de dissiper toute velléité de guerre entre les deux nations.

La Turquie comprenant le besoin, à l'aube d'une ère nouvelle, de se recueillir et de se consacrer d'abord à des réformes intérieures, s'efforcera sans doute d'éviter un conflit. Il est cependant des concessions qu'un gouvernement ne saurait faire sans déchoir aux yeux de tous, et dont les Jeunes Turcs ne pourraient assumer la responsabilité.

La Bulgarie, par contre, jugeant peut-être préférable de ne pas attendre la transformation militaire de la Turquie, entraînée naturellement à tirer parti d'une armée qui exige des dépenses hors de proportion avec ses ressources budgétaires normales, peut être tentée de hâter l'heure de la lutte avec l'ennemi héréditaire.

Mais il faut espérer qu'avant de tenter la fortune sur les champs de bataille, cette puissence songera que si le sort des armes lui était fatal, elle aurait de grandes chances de se voir enfermée pour une très longue période, sinon pour toujours, dans ses frontières actuelles qui lui semblent trop étroites. Et si, par un bonheur presque inespéré, son armée était victorieuse, rien ne dit que le jour du règlement des comptes, les grandes puissances, en compensation de tous ses sacrifices, permettraient à la Bulgarie l'accomplissement de son rêve et consentiraient à ratifier un remaniement de la carte des Balkans, lui donnant accès à la mer libre.

7 octobre 1908.

# L'AVANCEMENT DES OFFICIERS

Chaque année, vers cette époque, s'élaborent au ministère de la Guerre les listes des officiers appelés à bénéficier de nominations au choix; la question de l'avancement, qui a souvent ému l'opinion publique et attiré l'attention du Parlement, soulève alors de vives discussions. d'ardents débats dans tous les milieux militaires.

Ce problème est, en effet, de grande importance, car de sa solution heureuse dépendent le bon recrutement des cadres supérieurs ainsi que l'avenir de nombreux officiers et de leur famille ; mais il est aussi particulièrement difficile à résoudre, étant donné la presque impossibilité de deviner ceux qui possèdent les rares facultés, des véritables chefs, facultés se révélant seulement en temps de guerre, tandis qu'il est considérable le nombre des officiers ayant, à peu près au même degré, toutes les qualités dont on peut faire preuve en temps de paix.

Un bon système d'avancement doit faire parvenir, encore jeunes, aux grades élevés de l'armée, les officiers qui semblent présenter la plus grande valeur, sans que, d'autre part, il puisse en résulter un sentiment de découragement ou d'envie de la part d'un trop grand nombre de leurs camarades. S'ils ne sont ratifiés en quelque sorte par l'approbation des camarades, les choix exceptionnels accordés, même aux meilleurs officiers, pourraient avoir des conséquences néfastes, au point de vue de la force de l'armée, qui doit tout primer.

Si l'on pouvait rendre la solde indépendante du grade — en admettant, par exemple, que la solde et, par suite, la retraite d'un officier soient calculées uniquement en raison de ses services, les grades ne donnant droit qu'à des indemnités de fonctions — on rendrait déjà moins âpre la lutte pour l'avancement, dont dépend aujourd'hui, pour beaucoup d'officiers, le plus ou moins de bien-être de la famille. La solution cherchée deviendrait alors plus facile. Mais pareille proposition serait difficile à faire accepter en France.

L'avancement exclusivement à l'ancienneté, même limité au grade de chef de bataillon, aurait le grave inconvénient de faire arriver trop tard les officiers aux grades supérieurs et de risquer par suite de compromettre le bon recrutement des cadres.

L'avancement à l'ancienneté, corrigé par une sélection — tout officier qui ne serait pas nommé à son tour au grade supérieur devant être admis à la retraite — aurait encore comme résultat de trop vieillir les cadres, à moins qu'on ne se montrât dans la sélection d'une réelle sévérité, ce qui ne manquerait de soulever de nombreuses objections et serait sans doute difficile à obtenir.

L'avancement annuel, réglé à l'aide d'une formule mathématique, faisant entrer en ligne de compte l'ancienneté, la manière de servir, les capacités, a été pendant quelque temps fort préconisé. Ce système est séduisant, à priori, car il aurait chance de présenter certaines garanties au point de vue de l'équité et du bon recrutement des cadres supérieurs. Mais, après un examen sérieux, on doit s'avouer qu'il n'est pas à l'abri de nombreuses critiques, dont la moindre a trait à la complication excessive qui en résulterait.

On est donc amené à reconnaître combien est rationnelle la loi actuelle réglant l'avancement des officiers, qui laisse une part à l'ancienneté et une part au choix ; cette dernière prenant la prédominance au fur et à mesure qu'on s'élève dans la hiérarchie, c'est-à-dire que les emplois exigent plus de qualités pour être bien remplis.

La difficulté véritable, la seule, est la désignation des officiers qui bénéficieront du choix, parmi ceux, en très grand nombre, qui le méritent et qui présentent d'ailleurs des qualités à peu près équivalentes.

Jadis, ce travail était fait par des Commissions de classement qui ont soulevé de nombreuses critiques. Pour éviter, dans la mesure du possible, les recommandations, les marchandages, les concessions réciproques, on avait proposé de les réorganiser, en ne les composant que d'officiers désignés au dernier moment par le ministre. On adopta une mesure plus radicale en les supprimant.

Dès lors, une seule autorité resta chargée d'établir les listes du choix : le ministre.

Mais il ne faut pas se dissimuler que cette prérogative, d'ailleurs naturelle, d'arrêter chaque année le travail d'avancement, est très délicate à exercer, car, en dehors de la difficulté de s'éclairer sur la valeur relative des officiers proposés, il faut pouvoir résister au courant des recommandations; et, quel que soit le régime, elles ont forcément d'autant plus d'action que l'autorité dont dépend l'avancement est répartie en un moins grand nombre de mains.

Il semble que le classement par ordre de mérite des officiers proposés, établi en se servant d'une formule mathématique, connue à l'avance de tous, dans le genre de celle qui avait été proposée pour régler l'avancement annuel, pourrait, à ce double point de vue, rendre de précieux services. Il donnerait, sans doute, de très heureux résultats, pourvu que la formule tienne compte dans une sage proportion, des différents facteurs ; capacité, manière de servir, ancienneté, campagnes, etc.

En temps de guerre, où l'on doit s'efforcer particulièrement de faire de bons choix et d'éviter la moindre injustice pouvant faire naître le découragement, il serait possible, jusqu'à un certain grade, de trouver une sérieuse garantie de la valeur des officiers, — comme une sauvegarde contre les protections trop puissantes — dans le vote des camarades.

Ce ne serait pas une innovation, car l'élection fut en grand honneur sous la Révolution, et donna alors, en général, de bons résultats. Il en serait sans doute de même aujourd'hui. Les camarades, se connaissant très bien entre eux, s'apprécient à leur juste valeur, et, en présence du danger, les jalousies se taisent, les rancunes s'effacent, tout le monde s'incline volontiers devant une supériorité réelle.

J'estime, en résumé, que notre loi sur l'avancement est sage et ne demande pas à être modifiée, mais qu'on devrait la compléter en faisant connaître d'avance, à tous, les règles qu'on s'impose pour l'établissement des tableaux d'avancement, de telle sorte que chacun puisse se rendre compte des raisons qui ont fait accueillir ou échouer sa proposition au grade supérieur. Quel inconvénient pourrait-on voir à ce que l'autorité supérieure, qui s'efforce chaque année d'établir les tableaux d'avancement avec une stricte impartialité et en s'inspirant uniquement de l'intérêt général de l'armée, fasse connaître aux intéressés les bases de son travail? On éviterait ainsi bien des découragements, car chacun, s'illusionnant toujours sur son propre mérite, est naturellement porté à mettre sur le compte de l'injustice tout échec dont il ignore la cause.

Je souhaite qu'un jour prochain l'utilité de cette mesure soit reconnue et c'est le meilleur vœu que je puisse formuler pour mes anciens camarades au seuil de la nouvelle année.

23 décembre 1908.

# LA PEINE DE MORT

Alors que j'étais commandant du cercle de Cao-Bang en 1895, je dus, à la tête d'une forte colonne, marcher contre les bandes pirates de Thuong-Cac-Nhi, installées dans le massif des Ba-Chau, non loin de la frontière chinoise.

Cette existence de campagne manquait de douceur. Ne pouvant, en effet, songer à traîner après nous de longs convois dans les sentiers de chèvre que nous étions obligés de suivre le plus souvent, le fond de la nourriture pour tous, officiers comme soldats, était du biscuit ou du riz, arrosé de l'eau claire du torrent ; le lit de repos pour la nuit était le creux d'un rocher ou le coin d'une rizière. Cependant, tout le monde était content, car rien ne rend gai, en campagne, comme le succès, et chaque soir, on entendait de longs rires autour des feux de bivouac, quand on se jugeait assez à l'abri des vues de l'ennemi pour en allumer.

Par une chaude après-midi, la colonne qui,

depuis le matin, parcourait un terrain particulièrement difficile, en échangeant des coups de fusil avec des petits groupes de Chinois, arrière-garde de la bande pirate, s'arrêta sur les crêtes boisées d'Ha-Siem. Les abris pour se protéger sommairement contre les ardeurs du soleil et la rosée de la nuit furent vite construits, et chacun chercha bientôt à réparer ses forces dans les charmes d'une courte sieste, en ayant soin, toutefois, de garder son arme à portée de la main, pour être prêt à la première alerte.

Cette heure de la sieste était presque mon seul instant de repos, car, pendant la nuit, si favorable aux surprises en des pays couverts, ma lourde responsabilité me tenait presque constamment éveillé. Ce jour-là, elle ne fut pas longue. Je venais à peine de fermer les yeux, quand je fus tiré de ma demi-torpeur par un concert de cris et d'imprécations. L'objet de tout ce bruit était un Chinois, entouré d'une bande de nos partisans thos, qui le frappaient violemment en l'entrainant vers mon gourbi. Lui, grand, robuste, ayant un air de fierté qui jurait avec les haillons dont il était revêtu, regardait ses adversaires avec un mélange de haine et de mépris, recevait les coups avec une absolue impassibilité, sans chercher à les éviter, ni à les rendre. Comme il passait près du groupe des chefs de village, accroupis non loin de moi, l'un de ceux-ci se précipita sur son fusil et je n'eus que le temps d'intervenir pour l'empêcher d'en faire usage contre le prisonnier. Aussitôt, on me raconta longuement les faits qu'on reprochait à cet homme, un des lieutenants les plus redoutés de Thuong-Cac-Nhï : pillages, incendies, viols, meurtres, se comptaient par centaines. Il se plaisait, disait-on, à infliger les tortures les plus cruelles à ses victimes. Si on l'avait surpris, errant aux environs du campement, sous les habits d'un mendiant, c'était évidemment pour nous espionner, afin de renseigner son chef sur nos forces et nos mouvements.

Quand je lui fis demander, par l'interprète, si tout ce qu'on disait était vrai, il ne daigna même pas répondre un mot pour sa défense. Et alors, un cri de mort s'éleva de toutes parts. Les notables, les partisans me demandèrent de le leur livrer, tandis que mes officiers étaient d'avis de le faire juger sommairement par une cour martiale.

En raison de l'absence de beaucoup de témoins et du mutisme absolu de l'accusé, qui n'avait, d'ailleurs, aucune arme sur lui, je crus devoir éviter un jugement immédiat qui, en l'état des esprits se serait terminé sans nul doute par une condamnation à mort. Je décidai qu'il serait incarcéré dans le premier poste que l'on rencontrerait pour être, de là, transféré à Cao-Bang, et y être jugé. Je recommandai, du reste, de prendre les précautions les plus minutieuses pour éviter une évasion, de lui lier solidement les pieds et les mains et de lui passer, autour du corps, une forte corde qui serait attachée aux bras des deux tirailleurs chargés de le garder. Le silence profond qui accueillit cet ordre me montra combien il était désapprouvé intérieurement par tous mes subordonnés, par ces hommes, notables et partisans, officiers et soldats qui, depuis 3 semaines, vivaient de ma vie, m'entourant de leur affection et de leur respect, comme on aime et respecte le chef qui, en campagne, a pu inspirer la confiance. J'en eus le cœur attristé, et la nuit, je dormis peut-être moins encore qu'à l'ordinaire, me demandant quelles sont les causes mystérieuses qui, à certains moments, poussent les hommes, même civilisés, à souhaiter si ardemment la mort de leurs semblables, tandis que je sentais comme un reproche muet dans les yeux du brave légionnaire veillant près de mon feu de bivouac.

Vers 2 heures, un sous-officier vint me tirer brusquement de mes réflexions en m'annonçant qu'au cours de sa ronde, il venait de constater la disparition du prisonnier. Cette évasion semblait tenir du prodige ; elle ne parut cependant pas beaucoup surprendre les indigènes, habitués aux mille ruses de la race jaune qui font toujours l'étonnement des Européens. Ils entreprirent immédiatement, avec une ardeur extrême, des recherches minutieuses dans les environs, tout en assurant qu'elles seraient inutiles. En effet, on ne put retrouver la moindre trace du fugitif.

Dès l'aube, la colonne se remit en marche, mais l'entrain des jours précédents avait disparu. Un sombre pressentiment semblait planer sur nous et éteindre toute gaieté. Le temps était, d'ailleurs, lourd, le soleil voilé, et les dessous des bois qui bordaient notre route paraissaient plus sombres, plus impénétrables que jamais.

Subitement, de ces épais fourrés, jaillit un coup de fusil, suivi de beaucoup d'autres. Nous sommes rapidement entourés d'un cercle de feu, les balles frappent nombreuses et les soldats tombent. C'est une embuscade, habilement tendue, dans un vallon étroit, en forme de cuvette. Heureusement que nous n'avons presque pas de convoi. Des détachements se portent en courant aux cols qui dominent le terrain et leurs feux de salve mettent rapidement en déroute les Chinois. Est-ce une illusion ? Dans un de ceux qui nous tirent les derniers coups de fusil, je crois reconnaître notre prisonnier de la veille.

Il a eu sans doute la même vision, le pauvre légionnaire qui, cette nuit, veillait près de moi, et dont, à genoux dans la rizière, je recueille le dernier soupir. Ses yeux ont un suprême éclair, mélange d'affection pour le chef dont il serre la main, de haine pour le pirate que son fusil semble encore chercher.

Bien souvent depuis, j'ai revécu ces heures de tristesse. Et, longtemps, mon cœur est resté troublé par la pensée que si j'avais laissé exécuter sommairement ce bandit, plusieurs de mes braves soldats ne seraient peut-être pas morts. N'ont-ils pas été victimes d'un scrupule de leur chef, qui les aimait cependant avec passion ?

27 janvier 1909.

# L'ESPAGNE A MELILLA

L'Espagne semble engagée, à Melilla, dans une entreprise coloniale importante, dont le succès exigera, sans doute, beaucoup de temps et d'efforts, car le pays est difficile et les Riffains sont nombreux, assez bien armés et d'un caractère courageux. Il est particulièrement intéressant d'examiner dans quelles conditions s'ouvre cette campagne, qui peut avoir de grandes conséquences pour l'avenir de l'influence européenne au Maroc.

Je crois que, quoi qu'il arrive, et en dépit des nombreux engagements contractés, depuis quelques semaines, même par des jeunes gens appartenant à la plus haute aristocratie, on ne doit pas s'attendre à voir cette campagne jouir d'une grande popularité en Espagne ; les nations latines sont peu portées à s'enthousiasmer à l'occasion de hauts faits qui se passent outre-mer. La longue conquête de l'Algérie et, plus récemment, celle de toutes nos colonies, conquêtes qui ont ajouté de si belles pages à notre histoire militaire, laissèrent généralement indifférente l'opinion publique. En général, il n'en résulta que des difficultés plus ou moins graves pour les gouvernements qui en avaient la responsabilité. Mais il faut rendre hommage au grand sentiment de patriotisme qui, à la suite des premiers échecs, a serré autour du drapeau toute la nation, prête aujourd'hui à tous les sacrifices, ne pouvant admettre, dans sa noble fierté, que l'armée espagnole n'ait pas sa revanche, et une revanche éclatante.

Les préparatifs de la campagne ont été étudiés avec un soin extrême. On sait combien le roi est ami du progrès, les résistances des esprits routiniers et arriérés, s'il y en avait, n'auraient donc pu être que très discrètes. Sur les propositions de l'état-major général et de la commission d'expérience d'artillerie, on a doté le corps expéditionnaire du matériel le plus perfectionné.

L'arme du fantassin est toujours le Mauser de 7 millimètres, mais qui tire une nouvelle cartouche, dont la balle transformée et animée d'une plus grande vitesse initiale (850 mètres au lieu de 680) donne une trajectoire beaucoup plus rasante.

Les canons de campagne et de montagne du Creusot vont remplacer les anciennes pièces Krupp, auxquelles ils sont très supérieurs. L'artillerie sera forte de 14 batteries, un groupe de 3 batteries de montagne étant affecté à chacune des brigades. Cette proportion d'artillerie est un peu plus considérable que celle généralement adoptée dans les campagnes coloniales, en raison de la difficulté des transports ; cela tient à la nécessité d'armer fortement la place de Melilla. L'instruction des cadres et des pointeurs, commencée aux écoles de tir, se poursuit sur place.

A chaque bataillon sera affectée une section de mitrailleuses hotchkiss et un certain nombre de ces armes gardées en réserve pourront servir à l'armement des petits postes détachés. Cette organisation rappelle celle adoptée depuis plusieurs années pour nos troupes coloniales. Mais, il est intéressant de signaler une heureuse innovation. Le soldat mitrailleur est devenu, dans les troupes espagnoles, un spécialiste semblable à l'artificier, portant un insigne particulier et recevant d'abord en manufacture, puis dans les écoles de tir, toute l'instruction nécessaire pour tirer un parti réellement efficace de l'arme redoutable qu'il a entre les mains, et dont l'effet utile dépend essentiellement de l'instruction de celui qui en fait usage.

La cavalerie, qui comprend 10 escadrons, est bien armée et bien montée. Il est question de la doter de fusils mitrailleuses hotchkiss.

Pour le service des transports de l'arrière, on

fera usage de camions automobiles. Les officiers généraux et les états-majors disposent également de quelques voiturettes automobiles, et on étudie la possibilité d'employer pour le service des reconnaissances, des automobiles blindées, armées de mitrailleuses.

Le service télégraphique et téléphonique est naturellement organisé avec le plus grand soin. Le parc aérostatique sera, sans doute, complété à brève échéance par l'envoi d'un dirigeable.

La tenue de campagne, qui a été adoptée, est légère et commode, mais d'une couleur un peu trop voyante, à notre gré ; la couleur kaki, se rapprochant de la teinte du sol, aurait semblé préférable. Le casque, du modèle de celui des troupes anglaises, garantit bien contre les ardeurs du soleil.

Il n'est pas besoin de faire l'éloge des troupes espagnoles, que tout le monde connaît. Leur bravoure, leur discipline, leur amour du drapeau sont légendaires. Les soldats sont d'une sobriété et d'une endurance exemplaires. En ce moment, le nombre des hommes hospitalisés à Melilla, en dehors des blessés, ne dépasse pas 1 pour 100 de l'effectif.

Le corps des officiers, très instruit, possède à un degré extrême cet esprit de camaraderie, cette union, qui résultent en grande partie de l'avancement donné exclusivement à l'ancienneté, avec sélection. Et tous attachent un si haut prix à cette parfaite entente, que, pour éviter le moindre risque de mésintelligence pouvant résulter d'un acte de favoritisme, les officiers d'artillerie, du génie, du corps de santé, viennent de signer l'engagement entre eux de ne bénéficier, au cours de la campagne qui commence, d'aucun des avancements au choix qui pourraient être donnés pour faits de guerre et d'y renoncer, le cas échéant, comme la loi leur en donne le droit.

Comme on le voit, la campagne s'ouvre sous d'heureux auspices et nul doute que le sang espagnol qui a coulé à Melilla lors des dernières surprises ne soit promptement vengé. Mais, ainsi que nous l'avons dit, la campagne marocaine n'en promet pas moins d'être longue. Les Riffains sont aussi fourbes et dissimulés que courageux. Ils se soumettront peut-être après quelques défaites sanglantes, mais pour reprendre de nouveau les armes à la première occasion, à la voix d'un chef influent qui jugera de son intérêt de lever l'étendard de la révolte. Ce sera la répétition de ce qui s'est passé en Algérie, en Mauritanie, partout où les armes de la civilisation se sont heurtées au fanatisme musulman. Pour arriver au succès définitif, il faudra, là comme ailleurs, la continuité de l'effort, qui exige des troupes de métier : troupes européennes, composées d'engagés volontaires et de rengagés ; troupes indigènes, recrutées peu à peu parmi les Africains sur la fidélité desquels on croit pouvoir compter et très fortement encadrées, surtout au début, par des nationaux, énergiques, connaissant parfaitement les indigènes et parlant leur langue.

La création de ces troupes coloniales est aujourd'hui, à notre avis, une nécessité pour toute nation qui est appelée à opérer outre-mer. A l'époque actuelle, en effet, la mort d'un soldat du contingent, laissant derrière lui une famille désespérée, frappe trop douloureusement tous ses parents et amis pour qu'une guerre coloniale un peu meurtrière ne devienne vite très impopulaire; elle risque de créer les plus graves complications de politique intérieure, en cas d'échec sérieux qu'on doit toujours prévoir et que les adversaires ne se font jamais faute de grossir.

Il ne sera pas difficile, d'ailleurs, à l'Espagne, qui a déjà des corps spéciaux très bien recrutés, tels que la gendarmerie et la garde civique, d'organiser, si elle le veut, les 12 à 15 000 hommes de troupes coloniales dont elle pourrait avoir besoin. Ce jour-là, étant donné l'armement et le matériel très perfectionnés dont elle a su fort sagement doter ses troupes, nous sommes convaincu qu'elle pourra facilement accomplir jusqu'à son terme la tâche qu'elle paraît s'être tracée sur les côtes du Maroc.

2 septembre 1909.

---

## LA QUESTION CRÉTOISE ET L'ARBITRAGE

La question crétoise est encore une fois à l'ordre du jour de la diplomatie européenne qui s'efforce, paraît-il, de mettre enfin un terme à une situation provisoire trop longue et susceptible de devenir facilement grosse de dangers.

Lorsque chacun est animé d'intentions conciliantes, on finit par trouver un terrain d'entente pour les questions les plus délicates, de même qu'une affaire de minime importance peut facilement s'envenimer, si l'idée d'un conflit n'est pas pour déplaire à une ou plusieurs des parties intéressées. Or, en ce moment, toutes les grandes puissances semblent désirer le maintien de la paix. Il est donc probable que les diplomates arriveront à trouver la solution du problème. Mais il faut reconnaître que cela est aujourd'hui fort difficile.

Les puissances qui visent à l'empire de la mer, ne pouvant, à leur grand regret, posséder cette magnifique baie de la Sude, joyau de la Crète, occupant une situation exceptionnelle dans la Méditerranée, ont évidemment tout intérêt à la voir entre les mains d'une puissance amie. D'autre part, le nouveau gouvernement turc ne peut guère renoncer à des revendications auxquelles il doit en partie sa popularité sinon son origine, tandis qu'il est difficile à la Grèce de renoncer aux rêves d'annexion dont on la berce depuis si longtemps.

Il y a douze ans, quand je débarquai en Crète comme commissaire militaire et commandant supérieur des troupes françaises, la situation était des plus tristes. Dès le début de l'insurrection, les musulmans, maîtres dans les villes où les troupes turques tenaient garnison, y avaient mis à mort quantité de chrétiens, tandis que les chrétiens, qui étaient en grande majorité dans les campagnes, y avaient massacré tous les musulmans. Les passions politiques et religieuses, également exaspérées des deux côtés, semblaient avoir créé entre les deux partis une haine farouche, expliquant de terribles cruautés. Les villes, en grande partie incendiées, étaient en ruines, et, dans les campagnes, presque tous les oliviers étaient coupés. Les Crétois orthodoxes n'admettaient pas d'ailleurs, en général, la légitimité de la possession des biens détenus par leurs compatriotes musulmans, prétendant que le plus souvent ils avaient été attribués injustement, par les autorités turques, à une époque plus ou moins reculée, et à la suite de procès, comme récompense d'une abjuration intéressée.

Néanmoins, le petit corps d'occupation, composé de troupes des six grandes puissances : Angleterre, Allemagne, Autriche, Russie, Italie et France, rendit vite tout nouveau massacre impossible, en établissant des cordons de troupes internationales autour des villes, de manière à éviter le moindre contact entre les musulmans qui y étaient tous réunis et les chrétiens qui restaient maîtres de l'intérieur de l'île.

Le réembarquement pour la Grèce des troupes du colonel Vassos, qui avaient été envoyées d'Athènes pour appuyer le soulèvement des populations chrétiennes, amena bientôt une première détente. Et le temps faisant son œuvre, la tranquillité revint peu à peu presque partout.

Si, à ce moment, les grandes puissances avaient pu se mettre d'accord sur la solution définitive qu'il convenait de donner à la question crétoise, il aurait été facile d'obtenir qu'on l'acceptât aussi bien à Athènes qu'à Constantinople.

Malheureusement, les Allemands, puis les Autrichiens, partisans du maintien de la domination de la Porte sur la Crète, rappelèrent bientôt leurs vaisseaux et leurs troupes, se séparant ainsi ouvertement des autres puissances qui adoptèrent alors une série de mesures provisoires, susceptibles dans leur pensée d'amener fatalement et sans heurt l'annexion de l'île à la Grèce.

La situation politique actuelle de l'Europe per

mettra-t-elle d'en arriver là ? Le gouvernement turc et les partisans de l'intégrité de l'empire ottoman ne sont-ils pas en mesure aujourd'hui de faire échec aux projets si chèrement caressés à Athènes ?

Je me souviens qu'un jour Ismaïl bey remplissait les hautes fonctions de gouverneur de Crète avant l'arrivée de Son Altesse Djewad pacha, se rendit à la Sude avec l'intention d'y passer une partie de l'après-midi, pour traiter une question importante avec un des amiraux. Il en revint très rapidement, et comme je lui en manifestais mon étonnement, il me répondit : « Oh ! je n'ai parlé de rien à l'amiral, car j'ai jugé que c'était inutile. Voyez-vous, je sais de suite la disposition d'esprit dans laquelle se trouve l'amiral à notre égard, et j'agis en conséquence. S'il m'appelle « Excellence » je peux tout lui dire et nous discutons alors les choses sérieuses. S'il me nomme « Ismaïl « bey », je ne me risque à l'entretenir que de questions peu importantes ; mais, s'il me dit « Ismaïl » tout court, alors, je remets l'entretien à un moment plus favorable. »

Aujourd'hui, l'ancien gouverneur par intérim de la Crète n'aurait pas besoin de faire usage de cette perspicacité. La discussion d'une question sérieuse, concernant les intérêts ottomans, ne saurait être ni écartée ni peut-être ajournée.

Mais que sortira-t-il des conversations qui forcément vont s'engager entre les puissances et la Porte ? Quelle solution sera adoptée ? Il est difficile de le prévoir.

Pendant mon séjour en Crète j'ai entretenu les meilleures relations avec les hauts fonctionnaires ottomans, et je n'ai eu qu'à me louer en différentes circonstances du concours des troupes turques, pour lesquelles je professe une très grande estime. Je souhaite donc que la Turquie obtienne toutes les satisfactions désirables. Je ne saurais oublier, d'autre part, combien j'avais trouvé de chaudes sympathies parmi la population crétoise, aussi bien chrétienne que musulmane, ni les preuves qui m'en ont été données, particulièrement au moment où il fut question de me nommer haut commissaire, avant la désignation du Prince Georges. Je fais des vœux sincères pour qu'il ne soit pas fait complète abstraction des sentiments de cette population, pour qu'on n'adopte pas une solution qui la froisserait trop vivement. Depuis dix ans, n'a-t-elle pas été autorisée à croire que les liens qui la rattachaient à la Turquie et qui se relâchaient peu à peu, se briseraient bientôt définitivement, le jour où les promesses d'annexion à la Grèce, qu'on ne cessait de faire miroiter à ses yeux comme l'idéal du bonheur, deviendraient une réalité ? Il faut reconnaître, du reste, que cette population ne comprend plus aujourd'hui qu'un nombre restreint de musulmans, ceux-ci ayant émigré en masse lorsque les troupes turques ont quitté l'île. En tous cas, il semble qu'au point de vue international, il y ait grand intérêt à ce qu'une solution définitive ne soit pas de nouveau ajournée par l'adoption d'une nouvelle mesure transitoire quelconque. Cette question crétoise met en jeu trop d'intérêts graves et divergents pour qu'on ne tienne pas à éteindre définitivement le plus tôt possible le feu qui couve sous la cendre et pourrait un jour embraser l'Europe.

Et si les puissances intéressées à la question ne peuvent trouver un terrain d'entente, une solution donnant suffisante satisfaction à tous, ne serait-il pas possible de se mettre au moins d'accord sur le principe d'un arbitrage? Les arbitres choisis parmi ceux qui présenteraient les plus grandes garanties d'indépendance et de désintéressement devraient fixer les bases d'un modus vivendi, en ne tenant compte que des intérêts directement en jeu, c'est-à-dire des intérêts de la Turquie, de la Grèce et de la population crétoise. La cour de la Haye ne pourrait-elle fournir des jurisconsultes et des hommes d'État capables de trouver la solution du problème?

10 juin 1909.

# LA CRÈTE ET LES PUISSANCES

Au mois de juin dernier, parlant de la question crétoise, j'émettais l'avis qu'elle devrait être réglée par l'arbitrage, et qu'en tous cas, au point de vue international, il y avait un grand intérêt à ce qu'une solution définitive ne fût pas de nouveau ajournée par l'adoption d'une mesure transitoire quelconque. J'ajoutais que laisser le feu couver sous la cendre, c'était vouloir courir le risque d'un incendie, à un moment donné, malgré toutes les précautions possibles.

Le retrait récent des troupes internationales qui assuraient le maintien de l'ordre en Crète, retrait effectué sans qu'on se fût mis d'accord au préalable à Constantinople, à Athènes, et à La Canée sur le modus vivendi à adopter pour l'avenir, a été une de ces mesures transitoires que je redoutais, estimant qu'elles pourraient avoir les conséquences les plus graves et les plus difficiles à éviter.

Pour permettre de chercher aujourd'hui, avec

quelque chance de succès, la solution du problème qui se pose devant nous et devant l'Europe, il est nécessaire d'avoir bien présents à l'esprit tous les faits qui se sont passés depuis douze ans et de bien se rendre compte de l'état d'esprit des habitants de ce malheureux pays. On pourra alors en déduire quelles concessions il est possible de demander en toute justice, aux puissances intéressées, et dans quelles limites on peut espérer exercer une pression sur les populations pour leur faire accepter une solution ne donnant pas satisfaction à leur rêve actuel de rattachement à la Grèce.

En 1897, la Crète était entièrement sous la domination turque, lorsque éclata un soulèvement habilement préparé par les comités d'Athènes et qui fut soutenu par le débarquement d'un corps de volontaires grecs, sous les ordres du colonel Vassos. Il y eut de sanglants massacres, commis autant par les chrétiens que par les musulmans, auxquels les grandes puissances mirent fin, comme nous l'avons expliqué, en faisant débarquer des troupes chargées de rétablir l'ordre.

Les ambassadeurs à Constantinople, chargés alors d'étudier la solution qu'il convenait de donner à la question crétoise, se mirent d'accord sur les principes suivants : comme par le passé, la Crète devait continuer à faire partie de l'Empire Ottoman, sous la suzeraineté du Sultan. Mais en même temps, l'île serait dotée d'une administration autonome et d'un gouverneur chrétien, qui serait nommé par le sultan, pour une période de cinq ans, avec le consentement des puissances. Le pouvoir exécutif résiderait dans une assemblée nationale où seraient représentées toutes les parties de la population, et les projets de loi n'entreraient en vigueur qu'après avoir reçu la sanction du gouverneur.

Le but poursuivi alors par les puissances, ainsi que les dispositions d'esprit du gouvernement turc et des habitants de l'île, ressortent bien d'un article paru, le 7 octobre 1897, dans le *Petit Parisien* et dont voici un extrait :

« Dernièrement Djewad pacha, l'ancien grand « vizir devenu gouverneur militaire de Crète, alla « trouver M. Nicéphoros, archevêque grec de La « Canée, et lui tint ce langage : « Vous devez être « maintenant convaincu que les grandes puissances « ne sauraient imposer l'autonomie, à laquelle « d'ailleurs le sultan ne veut point consentir. Ne « serait-il pas plus sage de nous entendre pour la « pacification de l'île ? Si vous le voulez bien, « calmez les insurgés chrétiens et de mon côté je « me fais fort d'obtenir du sultan des réformes de « nature à vous donner satisfaction. »

« L'archevêque Nicéphoros répondit qu'il avait « confiance dans la bonne volonté des grandes

« puissances et qu'il s'en remettait à elles. « Elles « ne peuvent pas, dit-il, manquer à la parole don- « née. Nous avons consenti à l'autonomie, nous « attendons qu'on nous la donne. »

« Djewad pacha n'écouta pas davantage. »

Ainsi, à ce moment, le programme d'action des puissances était bien l'établissement de l'autonomie sous la suzeraineté du sultan, et ce programme était accepté des populations.

Malheureusement, il suffit de se rappeler la succession des événements pour voir que, grâce sans doute à l'habileté et à la persévérance de la politique d'Athènes, toutes les mesures prises depuis lors tendirent bien moins à l'établissement de l'autonomie projetée qu'au rattachement futur du pays à la Grèce.

Après avoir obtenu du gouvernement ottoman le rappel de Djewad pacha et l'évacuation de l'île par les troupes turques, ce que l'on considérait comme le prodrome obligatoire de l'autonomie, les puissances se préoccupèrent de la nomination d'un gouverneur. Il fut d'abord question de la nomination de M. Numa Droz, ancien président de la Confédération helvétique, proposé par M. Hanotaux, et à la nomination duquel une des puissances s'opposa au dernier moment ; puis les cabinets semblèrent s'être mis d'accord sur le nom du colonel Schœffer, d'origine luxembourgeoise, qui avait servi longtemps en Égypte et qui parlait également bien les langues grecque et turque. Cette nomination semblait certaine lorsqu'on apprit que la candidature du colonel Schœffer était écartée. On parla alors du voïvode Boso Petrovitch, cousin du prince de Montenegro. Enfin, la Russie mit en avant le nom d'un des officiers supérieurs du corps d'occupation international et, ayant vu ses ouvertures rejetées par une des puissances, elle proposa la candidature du prince Georges de Grèce, ancien commandant en chef de l'armée de Thessalie.

Cette solution grécophile semblait tellement inespérée, même pour les plus chauds partisans du rattachement de la Crète à la Grèce, que la nouvelle, tout en produisant la plus vive émotion à Athènes, y fut accueillie avec un certain scepticisme; les journaux s'abstinrent de tout commentaire, en indiquant seulement que, si la Russie le voulait sérieusement, elle était susceptible de faire accepter ce choix par les autres puissances — et c'est, en effet, ce qui eut lieu.

Dès lors, comme on devait s'y attendre fatalement, les liens qui rattachaient encore la Crète à la Turquie se détendirent ou se brisèrent peu à peu, au fur et à mesure qu'il s'en créait de plus étroits entre Athènes et La Canée. Ce fut la création de la milice crétoise encadrée par de nombreux officiers et sous-officiers grecs, l'adoption d'un timbre-poste à l'effigie du roi de Grèce, le drapeau grec se montrant partout, en attendant le jour où il remplacerait officiellement le drapeau ottoman.

La nomination, comme gouverneur de l'île, d'un sujet grec, M. Zaïmis, lorsque le prince Georges abandonna les fonctions de haut commissaire, il y a deux ans, acheva de décourager les derniers partisans de l'autonomie. Dès lors, tous les esprits se rallièrent à l'idée du rattachement à la Grèce, que tout le monde, d'ailleurs, s'attendait à voir proclamer d'un jour à l'autre, puisque cela ne devait, en réalité, rien modifier à ce qui existait en fait.

Nous avons dit qu'en 1897, alors que les puissances avaient pris, au nom de la Turquie, possession du gouvernement de l'île de Crète pour y rétablir l'ordre, la Porte n'avait accepté qu'avec regrets et à son corps défendant de voir donner à l'île l'autonomie, malgré la promesse qui lui était faite de garantir ses droits de suzeraineté. On est obligé de reconnaître aujourd'hui qu'elle n'avait pas tort de manifester ainsi des appréhensions pour l'avenir. Et cela n'est pas pour diminuer les difficultés de l'heure présente.

Le terrain sur lequel s'est placée la Grèce, en déclarant que, la Crète ayant été remise en dépôt aux puissances, c'est à ces dernières qu'il appartient de solutionner les difficultés actuelles, est habilement choisi à son point de vue, car la responsabilité d'Athènes se trouve ainsi dégagée. Mais elle met, par contre, en mauvaise posture, les puissances qui semblent ne pas avoir tenu leurs engagements tacites, en laissant prendre depuis dix ans toute la série des mesures qui, d'une terre turco-grecque ont fait une province aujourd'hui presque exclusivement hellène, en laissant substituer en réalité la suzeraineté de la Grèce à celle de la Turquie.

Il est probable que si, dès l'origine, on avait dit ouvertement que le but poursuivi était de laisser la Grèce s'annexer la Crète à une date plus ou moins rapprochée, la politique de Constantinople aurait été tentée de s'orienter, particulièrement au lendemain de ses victoires, de manière à nouer des alliances susceptibles de garantir réellement l'intégrité de l'Empire ottoman. Et qui sait si demain, le parti Jeune-Turc, maître du gouvernement et craignant les leçons du passé, ne sera pas tenté de chercher, en dehors des marques de sympathies platoniques qu'on lui prodigue et dont il n'a cure, des appuis réels et pratiques auprès de puissances qui seraient peut-être heureuses d'accueillir ses ouvertures ? On a dit que l'Allemagne et l'Autriche, qui n'ont pas hésité, il y a douze ans, à se séparer des autres puissances pour les laisser poursuivre seules leur action politique en Crète, avaient donné dernièrement des conseils de modération à Constantinople. Est-ce là une intervention dont nous ayons réellement à nous louer? On ne donne le plus souvent des avis dans une affaire à laquelle on est étranger que lorsqu'on est certain qu'ils seront considérés comme des témoignages amicaux. Est-il heureux que, dans une question que les Turcs semblent prendre fort à cœur, une puissance quelconque puisse paraître leur montrer plus de sympathie que nous ne le faisons, même quand c'est pour conseiller de céder à notre pression?

La politique d'accord, presque d'alliance avec la Porte, a été, à un moment donné de notre histoire, une politique nationale et qui pourrait sans doute être reprise dans l'intérêt commun des deux nations. Et n'aurait-on pas pu profiter de l'arrivée au pouvoir du parti Jeune-Turc qui a tant d'attaches amicales en France, pour essayer de supplanter à Constantinople l'influence allemande, que l'Empereur Guillaume a su si habilement développer en cultivant l'amitié de l'ancien Sultan. En tous cas, serait-il habile de risquer de s'aliéner cette nation sans motifs sérieux?

De ce que nous venons de dire, il est facile de déduire la solution que nous voyons à l'imbroglio crétois. Il conviendrait, à notre avis, de revenir au programme de réformes adopté par les puissances, en 1897, et accepté alors par tous, c'est-à-dire à l'autonomie, avec un gouverneur choisi d'accord entre les puissances et le Sultan. Ce gouverneur ne pourrait, d'ailleurs, être ni grec ni turc, car sans cela il serait fatalement tenté de prendre ou d'approuver des mesures portant atteinte soit au régime de l'autonomie, soit au droit de suzeraineté de la Porte, ce qui ne manquerait pas de susciter de nouveaux conflits. Cette solution n'aurait rien d'humiliant pour les puissances, puisque ce sont elles qui l'ont proposée en 1897, et elle ne saurait être mal accueillie à Constantinople, puisqu'elle y était acceptée il y a douze ans. Elle ferait, certainement, par contre, une pénible impression à Athènes, mais, le gouvernement grec ne pourrait logiquement s'y opposer, puisqu'il s'en est remis aux puissances protectrices du soin de régler la question crétoise. Il ne s'agirait d'ailleurs que de rapporter des décisions et de revenir sur des mesures prises à l'encontre des intentions des puissances, qui, en remettant le gouvernement de l'île à un sujet grec, n'avaient nullement en vue l'annexion de l'île à la Grèce et ont toujours déclaré, au contraire, vouloir ménager les droits de suzeraineté du sultan.

Resterait à faire accepter cette solution par les Crétois. Il ne faut pas se dissimuler que cette acceptation qui aurait été facile en 1897, encore possible il y a trois ans, présenterait aujourd'hui de grandes difficultés et exigerait probablement une intervention armée.

Néanmoins, il ne semblerait pas impossible d'amener la majorité de la population à accepter ce modus vivendi, si la Grèce cessait d'envoyer en Crète des agitateurs, des armes et de l'argent, si les Crétois étaient bien convaincus que les grandes puissances ne céderont pas de nouveau à la pression venue d'Athènes et si le nouveau gouverneur était sympathique aux Crétois les plus influents et accepté par eux.

29 août 1909.

---

## IL FAUT EN FINIR
## AVEC LA QUESTION CRÉTOISE

La question crétoise est de nouveau à l'ordre du jour et un conflit serait, dit-on, sur le point d'éclater à ce sujet entre la Turquie et la Grèce.

Prévoyant les difficultés qui se sont produites, nous insistions il y a un an pour qu'on se hâtât de solutionner cette épineuse question en la soumettant au besoin à l'arbitrage de la Cour de La Haye, dont les différentes parties intéressées auraient pu accepter d'avance le jugement, en raison de ses garanties d'impartialité. Cette mesure semble s'imposer plus que jamais.

Ainsi que nous l'avons exposé, il est regrettable qu'en 1897, au moment où les troupes internationales intervinrent d'un commun accord pour rétablir l'ordre en Crète, on n'ait pas pu ou voulu proposer une solution définitive de la question crétoise, susceptible d'être acceptée par toutes les grandes puissances également représentées dans le Conseil des Amiraux à la Sude et dans le corps d'occupation, car il eût été facile alors de l'imposer, sans esprit de retour, aussi bien à la Turquie qu'à la Grèce.

Mais il y avait déjà en présence deux courants d'idées nettement opposées : les uns tenant essentiellement à ménager La Porte et partisans par suite du maintien de toute son autorité sur la Crète, les autres désireux de donner cette île à la Grèce.

Cette dernière manière de voir prévalut et c'est pour ne pas être obligés de se plier à l'orientation politique nouvelle que l'Allemagne, puis l'Autriche rappelèrent leurs vaisseaux et leurs troupes.

A partir de ce moment, tout fut mis en œuvre, comme nous l'avons dit, pour que l'annexion pût se réaliser logiquement et sans à-coup, le jour où les troupes internationales, gardiennes du drapeau turc dernier vestige de la suzeraineté ottomane, viendraient à quitter La Canée.

Mais les événements déjouent souvent les combinaisons les plus savantes.

L'ancien Sultan, malgré l'amitié de l'Allemagne, n'avait pas protesté trop vivement contre les mesures successives préparant l'annexion de la Crète à la Grèce ; il se serait sans doute incliné encore devant la solution inévitable et prévue depuis longtemps. Par contre, le gouvernement des Jeunes Turcs ne pouvait guère, sans risquer de perdre sa popularité, se laisser enlever ce nouveau lambeau de l'Empire ottoman. Il se décida donc à maintenir à tout prix ses droits de souveraineté sur l'île de Crète.

La situation de l'Angleterre, de la France, de l'Italie et de la Russie, puissances protectrices de la Crète, semble ainsi fort délicate. Rejeter les réclamations de la Turquie, ne serait-ce pas courir le risque de se l'aliéner complètement, et, d'autre part, comment imposer à Athènes le renoncement à des idées d'annexion qu'on n'a cessé d'encourager depuis 10 ans et en vue de laquelle la Grèce a fait déjà de nombreux sacrifices pécuniaires?

De là, les longues hésitations, les demi-mesures, les solutions provisoires difficilement élaborées après chaque incident nouveau. Ces solutions peuvent être bonnes en elles-mêmes, mais, il ne faut pas craindre de le redire, elles ont un inconvénient capital, c'est de remédier à des manifestations du mal sans guérir le mal lui-même, qui naturellement va s'aggravant avec le temps.

Depuis un an, les deux nations rivales, sentant bien que la situation provisoire actuelle ne saurait se prolonger longtemps, s'arment en silence, s'approvisionnent de munitions et de vaisseaux de guerre, s'efforcent de se créer des ressources financières, et elles ne sont pas sans chercher aussi à s'assurer des sympathies ou même des appuis parmi les puissances étrangères pour le cas où elles se décideraient à faire trancher la question par le sort des armes.

Et elles en trouveront sans grande difficulté, la Turquie surtout, car par réciprocité, les troupes ottomanes, qui possèdent des qualités de premier ordre, pourraient être d'un précieux concours dans une guerre européenne.

Que vienne le jour où l'une des deux nations jugerait pouvoir tenter la lutte avec chance de succès, ne cesserait-elle pas d'écouter les conseils de modération qu'elle accepte sans doute aujourd'hui uniquement par prudence, et en gardant d'ailleurs, très probablement, rancune à ceux qui les lui imposent? Ne suffirait-il pas alors de la moindre étincelle pour faire éclater l'incendie? Comment espérer qu'elle ne jaillisse pas et qui pourrait dire jusqu'où s'étendrait le sinistre?

Heureusement, les armements ne sont pas complètement terminés, les trésors ont besoin de ressources nouvelles, et par suite il est peut-être encore possible de faire accepter aux intéressés une solution définitive faisant disparaître tout germe de conflit dans l'avenir. Mais il faut se hâter, car peut-être demain serait-il trop tard!

15 septembre 1910.

---

# L'ARMÉE ET LA POLITIQUE

Depuis quelques années, l'état moral de notre armée a souvent fait l'objet des vives préoccupations de l'opinion publique.

Certains, faisant état d'incidents malheureux, n'ont pas hésité à prédire la ruine prochaine et complète de nos forces militaires, dont ils faisaient remonter la responsabilité aux idées antimilitaristes de leurs adversaires ; d'autres, au contraire, sans nier la gravité des faits, ont affirmé qu'on devait se garder d'en tirer des conséquences trop pessimistes, qu'il ne s'agissait que d'actes isolés, dont le retour serait facilement évité avec une volonté énergique. Mais des esprits avancés n'ont pas craint alors de proclamer que ces incidents militaires étaient la manifestation d'une évolution logique et heureuse, car, d'après eux, l'armée encore organisée et régie suivant les règles des troupes de métier doit se transformer peu à peu en s'inspirant autant que possible des principes des milices, vers lesquelles elle doit tendre de plus en plus, au fur et à mesure des progrès de la civilisation ; progrès qui d'ailleurs à leur avis rendent désormais toute grande guerre improbable, sinon impossible.

Il importe d'abord de faire justice de cette opinion trop répandue aujourd'hui que les progrès de la civilisation doivent faire considérer comme chimérique toute crainte de guerre en Europe, idée chère à quelques esprits généreux poursuivant le rêve d'un désarmement général, et qu'on ne manque pas d'invoquer à l'appui de toute mesure de nature à affaiblir l'armée. Si nous avons joui d'une paix de quarante ans, nous le devons surtout à la transformation de la guerre moderne par suite du service obligatoire qui a substitué partout la nation armée à l'armée de métier ; nous le devons aux formidables forces militaires des grandes nations ayant des intérêts opposés, et qui étant sensiblement égales, particulièrement en raison du jeu des alliances, ont rendu jusqu'à ce jour l'issue d'une lutte très incertaine, aucune puissance ne pouvant se considérer comme assurée de la victoire. Mais si l'équilibre des forces en présence venait jamais à se rompre pour une cause quelconque, cela n'augmenterait-il pas considérablement les chances d'un conflit armé ?

Les souvenirs de la guerre hispano-américaine, de la guerre turco-russe et de la guerre russo-japonaise, sans parler de la campagne du Transwaal, sont-ils donc si lointains qu'on puisse nier que les faibles ont toujours raison de craindre l'attaque des forts?

Jadis, on se battait pour conquérir une province ; la solution de graves questions économiques, la conquête de débouchés commerciaux et de points d'appui pour les flottes ne pourraient-elles à leur tour amener de sanglants conflits?

Les collectivistes, les internationalistes estiment que leurs idées, se propageant peu à peu en Europe, amèneront tôt ou tard le désarmement général, rêvé d'un autre côté par les pacifistes qui répudient les horreurs de la guerre. Il semble peu probable que cette éventualité se produise, mais ne pourrait-il pas arriver au contraire que ce soit justement le développement de ces idées, effrayantes pour beaucoup, surtout dans des pays monarchiques, qui entraîne un jour la guerre, le plus puissant des dérivatifs? Ne sont-elles pas nombreuses dans l'histoire les guerres déclarées sous la pression de difficultés intérieures?

C'est un malheur qu'un groupe de gens influents puisse croire que la guerre est désormais impossible et soit par suite partisan convaincu de la transformation de l'armée en milice. Bien que peu nombreux, ils sont en effet suivis aveuglément par beaucoup d'autres qui, trouvant les charges du service militaire actuel trop lourdes, pensant, non sans raison parfois, que beaucoup de choses laissent à désirer, poussés peut-être aussi par le désir de flatter les passions populaires ou la crainte de résister à leur courant, sont disposés à accueillir facilement toute modification proposée, pourvu qu'on ne dépasse pas la limite extrême où la sécurité nationale semblerait gravement compromise à leurs yeux.

Les premiers conduisent le mouvement et savent ce qu'ils veulent, où ils vont, les autres ne le savent pas.

Le programme collectiviste, en ce qui concerne l'armée, peut être comparé à un lavis savamment dégradé ; on part de la teinte noire « armée très forte » pour arriver au blanc « plus d'armée ». Mais à quel endroit du lavis s'arrêteront ceux qui suivent le mouvement, ceux qui veulent simplement réformer ce qui existe sans le détruire ?

Il est bien difficile de le prévoir. Il n'y a guère de motifs pour s'arrêter à un point plutôt qu'à un autre, car la teinte est partout à peine plus faible que celle qui la précède.

Un jour prochain peut-être la lutte s'établira ouvertement au grand jour, entre ceux qui veulent conserver la patrie et une armée pour la défendre, et ceux qui rêvent et poursuivent par tous les moyens la disparition de l'une comme de l'autre.

Mais en attendant, c'est par des moyens détournés qu'on s'efforcera le plus souvent d'affaiblir l'armée, de relâcher les liens de la discipline, de faire disparaître peu à peu tout esprit militaire. Il importe donc à ceux qui estiment que l'indépendance d'une grande nation repose sur la valeur de son armée, que celle-ci est nécessaire au maintien de la dignité nationale comme à la défense du territoire, de suivre avec soin son état d'âme et d'étudier les conséquences de toutes les mesures prises à son égard, afin de ne jamais s'illusionner sur sa valeur et sur sa force.

Cette force dépendra, d'une part, de l'endurance, de la discipline, de l'esprit de sacrifice des soldats, de l'autre, de la solidité des cadres, cette armature de l'armée, qui, avec le service à court terme, a une importance plus prépondérante que jamais.

Pour affaiblir la valeur des cadres, la meilleure tactique à suivre sera d'introduire peu à peu la politique dans l'armée.

On déclarera donc que l'armée ne saurait plus être une caste, que, par suite, l'officier et le sous-officier sont simplement des fonctionnaires d'un ordre particulier, qu'en dehors de leur service, ils doivent être traités comme de simples particuliers, ayant mêmes droits et mêmes devoirs que les autres citoyens. En attendant qu'ils obtiennent le bulletin de vote qu'on ne saurait logiquement leur refuser tôt ou tard, ils devront pouvoir faire partie de groupements s'occupant de politique, parler et écrire librement, sous la seule réserve de ne pas manifester d'idées hostiles au gouvernement !

On proclamera d'autre part la nécessité absolue de républicaniser l'armée en réservant à l'avenir tout avancement, toute faveur, aux seuls officiers dont les idées politiques sont en harmonie avec celles de la majorité gouvernementale. Et comme il serait à craindre que beaucoup ne manifestent pas dans le service leurs opinions politiques, ou que les chefs se montrent trop indulgents à cet égard, on devra avoir recours aux autorités civiles et au besoin aux groupements politiques amis pour se procurer des renseignements sur les convictions de chacun. Muni d'une part des notes militaires, de l'autre de ces documents politiques, le Ministre fera les mutations, attribuera les récompenses, distribuera l'avancement au choix qui ne doit désormais dépendre que de son unique volonté. Il aura ainsi toute facilité pour écarter les officiers signalés comme hostiles aux idées politiques et religieuses du gouvernement et pour favoriser d'autre part ses partisans. Ces derniers seront d'ailleurs naturellement fort à ménager, car ils auront souvent comme protecteurs des membres influents du Parlement, tenant entre leurs mains l'existence du

Cabinet et d'autant moins volontiers disposés à supporter un refus du Ministre qu'ils connaîtront son pouvoir plus absolu.

Et si on entrait dans cette voie dangereuse, ce qui s'en suivrait serait fatal. L'âpreté actuelle de la lutte pour la vie, la lenteur de l'avancement dans une armée en paix depuis plus de 40 ans, ne manqueraient pas de donner comme auxiliaires à ceux qui prônent ces innovations un certain nombre d'officiers, désireux avant tout de se mettre en lumière et de parvenir vite, en écartant au besoin de la lutte, par des moyens quelconques, beaucoup de concurrents redoutables. Ils seraient encouragés par de nombreux politiciens qui trouveraient là une précieuse ressource pour s'attacher une partie de leur clientèle électorale en lui faisant accorder de multiples faveurs.

Les recommandations politiques, assez rares jusque-là dans l'armée, commenceraient à affluer. Leur champ d'action, d'abord limité aux questions d'avancement, s'étendrait avec rapidité, quand on verrait leurs heureux résultats, à tout ce qui intéresse les cadres : affectations, permutations, etc.

Bientôt, elles ne s'adresseraient plus seulement au Ministre, aux officiers de son Cabinet, aux officiers et fonctionnaires de l'administration centrale, mais encore aux généraux commandant les corps d'armée, les divisions, les brigades, aux commandants des régiments, des bataillons, des compagnies.

Par la force des choses, à une certaine catégorie d'officiers serait désormais réservé, avec les beaux avancements, le privilège de tenir garnison dans le gouvernement de Paris et dans les grandes villes peu éloignées de la capitale ; à une autre catégorie, avec un avancement généralement lent, reviendrait l'honneur de vivre exclusivement dans les corps d'armée de la frontière et l'ennui des petites villes de garnison.

On se persuaderait très vite dans l'armée, à tort ou à raison, que désormais tout est facile avec de bonnes recommandations, qu'elles remplacent, qu'elles priment tout.

Dès lors, augmenterait rapidement le nombre des officiers intelligents et ambitieux qui chercheraient un point d'appui en dehors de l'armée, estimant que pour avoir une carrière agréable et rapide, l'essentiel est désormais de s'assurer un bon patronage. Tous les hommes politiques influents, ministres d'aujourd'hui ou de demain, auraient leur clientèle, leurs partisans et leurs protégés.

Certains officiers, pour fixer leur ligne de conduite dans l'exercice de leurs fonctions, en arriveraient même bientôt à s'inspirer moins de considérations militaires que de sentiments chers aux représentants des idées politiques les plus avancées, dans l'espérance d'obtenir l'appui de ces hommes qui semblent pour beaucoup la puissance de demain.

Parvenus aux grades élevés de la hiérarchie, ces officiers, qui auraient dû faire preuve de réelles qualités d'intelligence et de souplesse pour poursuivre une carrière brillante et facile, pourraient y joindre l'énergie et le don du commandement, car, sous le vernis d'idées aptes à plaire à leurs amis politiques, ils conserveraient au moins le vestige de véritables sentiments militaires, de ces sentiments qui jadis, quand ils ne connaissaient pas encore l'ambition, les ont entraînés vers l'armée. Mais il leur manquerait toujours ce qui seul fait le vrai chef, le caractère et l'autorité morale qui permet de s'imposer au jour de l'épreuve, alors que devant les dangers, les fatigues et les souffrances, la discipline faiblit au fur et à mesure que les moyens de répression disparaissent.

Et à côté de ces rares élus, que dire de la grande majorité des officiers qui, voyant leur avancement limité, se persuaderaient facilement que l'arrêt de leur carrière n'est dû qu'à un manque de protection, si ce n'est aux menées jalouses de camarades plus favorisés ? Comment espérer qu'ils ne s'aigrissent et ne glissent plus ou moins rapidement au découragement et à l'indifférence ?

Devant l'esprit d'individualisme qui grandit, l'esprit de devoir et d'abnégation ne peut que s'effacer peu à peu.

Les officiers n'auraient d'ailleurs pas le monopole des recommandations ; cette précieuse monnaie électorale se ferait innombrable pour les sous-officiers, les soldats, les réservistes. On recommandera pour les affectations spéciales à un régiment préféré, les changements de corps, les mariages, les permissions et congés, les sursis d'appel, les punitions disciplinaires encourues. Tout sera matière à recommandation.

Certains chefs ne seront pas fâchés de recevoir des recommandations d'hommes influents, particulièrement de ceux appartenant aux partis avancés ; afin de se ménager une reconnaissance pouvant être utile un jour, ils s'efforceront de leur donner satisfaction. Des esprits timorés éprouveront la crainte, en les repoussant, de se créer des inimitiés, des rancunes, et de se voir incriminés d'hostilité cachée aux idées nouvelles, accusation vague et d'autant plus terrible. Le plus grand nombre, bien que décidés à ne se laisser guider que par la préoccupation de la justice et de la discipline, répondront par courtoisie qu'ils s'efforceront de tenir compte de la recommandation reçue.

Et d'une manière comme de l'autre, l'esprit de discipline sera atteint, puisque le subordonné pourra croire que ce qu'il a obtenu, il le doit, au moins en partie, à l'intervention d'une influence étrangère à l'armée, et que, par suite, en cas analogue, c'est à elle qu'il devra s'adresser de nouveau.

Ainsi la politique entrée dans l'armée, après avoir commencé par disposer de l'avancement et de toutes les faveurs, créant par suite des dissentiments et des partis, rompant l'esprit de camaraderie et de solidarité, affaiblirait peu à peu le commandement et ruinerait la discipline.

Pour tenter de diminuer la valeur militaire du soldat, et particulièrement du réserviste, pour créer des difficultés au jour de la mobilisation, se dressera également l'antimilitarisme plus dangereux qu'on ne veut sembler le croire, parce qu'il est séduisant pour certains. Le fond de la nature humaine n'est pas, en effet, la bravoure, et ce sentiment tend naturellement à s'affaiblir au fur et à mesure qu'une nation, devenant plus riche, le bien-être gagne les différentes classes de la Société. Pouvoir cacher sa lâcheté sous les oripeaux d'une sensiblerie humanitaire, d'un généreux internationalisme, ou d'un farouche antimilitarisme sera chose bien tentante au jour du danger, pour tous ceux chez lesquels l'instinct de la conservation est dominant.

Mais malgré tout, l'immense majorité des Français a trop le culte de la patrie pour se laisser tenter par ces théories antimilitaristes, aujourd'hui à la mode dans certains milieux plus remuants que nombreux ; il faut espérer, en tous cas, qu'on n'oserait plus les invoquer le jour où il faudrait défendre notre sol menacé, car alors leurs propagateurs seraient, sans nul doute, traités par les pouvoirs publics avec une rigueur au moins égale à la grande indulgence passée.

Par contre, toute atteinte portée à la solidité des cadres en temps de paix sera sans remède au jour du danger.

A l'heure solennelle où les destinées d'un pays se jouent sur les champs de bataille, il faut des officiers, des sous-officiers, aimant leur métier, leurs camarades, leur régiment, qui possèdent non seulement le sentiment du devoir, mais l'esprit de sacrifice et l'esprit de corps.

« Tous pour un, un pour tous. » Telle doit être la devise de chacun.

Le renoncement à tout individualisme, l'union de tous les cœurs, de toutes les volontés dans un immense sentiment de devoir, d'abnégation, de sacrifice à la patrie, c'est ce qui forme « l'âme des armées », cette âme qui les conduit à la victoire, les rend invincibles et sans laquelle elles sont vouées aux pires défaites.

Et qu'on ne compte pas sur l'éclosion spontanée de ces sentiments généreux au moment d'une déclaration de guerre. Fruits d'une vie commune de travail, de dévouement ou de dangers, ils ne peuvent naître et grandir que peu à peu, avec la confiance et l'estime réciproques. Pour les obtenir, il est essentiel qu'il n'existe aucune cause de division, de jalousie, de suspicion et pour cela il faut enlever à tous la tentation de chercher un appui quelconque en dehors de l'armée.

On ne saurait trop le dire, le plus grand mal qu'on puisse faire à une armée, c'est bien d'y laisser s'introduire la politique et combien de nations au seuil de la décadence en ont fait la triste expérience ! La politique est la source naturelle d'innombrables injustices, les hommes au pouvoir étant fatalement entraînés, sinon contraints, à favoriser de toutes manières les officiers, les sous-officiers de leur parti, au détriment de camarades souvent plus méritants et soutenus par leurs chefs hiérarchiques. Or le jour où s'est ancrée définitivement dans tous les esprits la conviction qu'une bonne recommandation politique est préférable à la meilleure manière de servir, aux plus beaux états de service, tout est perdu ; ce jour-là, la politique a tué « l'âme de l'armée ».

17 septembre 1909.

---

# LA POLICE DES GRÈVES

La question du maintien de l'ordre pendant les grèves, qui préoccupe depuis longtemps beaucoup de bons esprits, a pris une nouvelle importance du jour où des fanatiques ont préconisé le système de la « chasse au renard ».

Avec l'extension des syndicats, substituant un peu partout l'action collective à l'action individuelle, le nombre et l'importance des grèves devaient fatalement aller croissant ; avec le groupement, sous une seule autorité dirigeante, d'un grand nombre de syndicats représentant différentes corporations, il était évident que la politique allait s'introduire en maîtresse dans ce rouage central, les partis ayant grand intérêt à se ménager la force électorale considérable qu'il représente.

Or, mêler la politique à des discussions qui, intéressant uniquement employeurs et employés, devraient rester constamment sur le terrain des intérêts professionnels, c'est risquer d'éterniser et d'envenimer des conflits souvent faciles à résoudre avec un peu de bonne volonté réciproque.

Les politiciens font germer peu à peu dans l'esprit des chômeurs l'idée qu'il ne s'agit pas simplement, comme ceux-ci pourraient le supposer, d'imposer une solution améliorant plus ou moins leur situation matérielle actuelle, mais bien de préparer la victoire finale des ouvriers, dans la grande lutte contre les classes privilégiées, dont chaque grève n'est qu'un épisode. Et les malheureux ne se rendent même pas compte que l'ascension rapide vers les honneurs et les richesses de tant de leurs anciens compagnons, jadis dans leurs rangs et les poussant à la lutte, fournit la preuve évidente qu'elles n'existent plus, ces classes fermées et privilégiées de l'ancien temps, dont les meneurs réclament la suppression. Ils se laissent griser volontiers par la perspective du bonheur futur qu'on leur fait miroiter comme un idéal ; l'idéal dont tout homme, quoi qu'on en dise, sent toujours en lui le besoin ! Pour l'atteindre, ils sont prêts à tout et apportent dès lors dans leurs revendications une aigreur, une âpreté, jadis inconnues, de même que dans la grève, devenue de conflit économique lutte politique, beaucoup font preuve désormais d'une passion et d'une violence extrêmes.

D'autre part, le fait qu'il existe malheureusement dans toutes les grandes villes, et surtout à Paris, un nombre considérable de dévoyés, de rôdeurs, de criminels, toujours prêts à se porter aux endroits où se produit du désordre dans l'espérance d'en tirer profit, permet de concevoir combien une grève peut facilement aujourd'hui devenir sanglante et à quel grave danger on pourrait être exposé le jour où se produirait une grève intéressant un très grand nombre d'ouvriers.

Dans un avenir plus ou moins prochain, les syndicats comprendront peut-être que leur intérêt réel est de se renfermer dans l'étude et la discussion des questions intéressant leur corporation, et banniront alors de leurs conseils les politiciens qui vivent d'eux ; peut-être aussi les pouvoirs publics, effrayés des périls futurs, obtiendront-ils le même résultat, en supprimant, à un moment donné, la Confédération Générale du Travail devenue synonyme de Confédération Générale de l'Anarchie. Il est possible, également, qu'on en vienne à accorder aux syndicats le droit de posséder, ce qui leur apporterait un élément de force, mais aussi de pondération puisqu'ils pourraient dès lors être rendus effectivement responsables du mal qu'ils occasionneraient. Mais tout cela est problématique et d'un avenir plus ou moins lointain. Ce qu'il importe dès maintenant d'étudier, c'est l'adoption de mesures telles que les populations n'aient plus à souffrir des vexations des grévistes, comme cela a lieu trop souvent et que les ouvriers voulant continuer le travail puissent le faire sans risquer d'être insultés, séquestrés, frappés, blessés, parfois même massacrés comme cela s'est produit dernièrement au Havre.

Tout le monde semble aujourd'hui d'accord pour admettre qu'en cas de grève on doit éviter de faire usage de la troupe pour assurer l'ordre, sauf dans les cas tout à fait exceptionnels où l'emploi de la orce armée est indispensable. En dehors des graves inconvénients que présente, particulièrement avec le service de deux ans, l'interruption fréquente et souvent prolongée de l'instruction des soldats envoyés sur le lieu des grèves, abstraction faite du danger qui peut résulter pour la défense nationale de ces déplacements de troupes, quand on est obligé de les prélever sur les corps d'armée de couverture, il importe d'éviter autant que possible que des soldats puissent se trouver dans l'obligation d'agir contre des parents ou des amis, figurant dans les rangs des grévistes manifestants. L'armée doit rester en dehors des partis et des haines politiques et pour cela, il ne faut pas qu'elle se trouve mêlée à un moment donné à des troubles civils.

En 1905, on avait songé à créer sur différents points du territoire, principalement aux environs des grands centres ouvriers, des corps de gendarmerie mobile qui, en cas de grève, se seraient transportés là où leur présence aurait été jugée nécessaire, mais on ne donna pas suite à ce projet, et avec raison, selon nous.

C'est au ministère de l'Intérieur qu'il appartient d'assurer l'ordre et il pourra d'autant mieux remplir cette mission qu'il se servira comme instrument d'un personnel lui appartenant, recruté, instruit par ses soins et suivant ses vues, qu'il sera libre de récompenser à son gré, suivant les services à lui rendus. La gendarmerie, placée sous les ordres du ministère de la Guerre, relève bien, il est vrai, sous certains rapports, du ministère de l'Intérieur, mais cette organisation bicéphale n'est pas sans avoir de sérieux inconvénients, et si on la conserve c'est que la gendarmerie, utile au ministère de la Guerre en temps de paix, lui serait indispensable en cas de guerre, ne fût-ce que pour former les prévôtés des armées. Du jour où serait créé un organisme nouveau, destiné uniquement à un service relevant du département de l'Intérieur, on ne voit pas pourquoi on ferait intervenir inutilement le ministre de la Guerre dans son organisation et son fonctionnement, ce qui, forcément, apporterait des entraves à l'exercice de l'autorité de son collègue de l'Intérieur.

La gendarmerie n'est, du reste, guère mieux préparée que la troupe au rôle délicat qui incombe aux agents chargés de faire régner l'ordre dans une foule surexcitée. Et on doit se demander, en outre, à quoi pourrait être utilisée la gendarmerie mobile en dehors des grèves importantes, heureusement encore rares. Son entretien occasionnerait de fortes dépenses, hors de proportions le plus souvent avec les services rendus.

Nous pensons que la véritable solution du problème serait la création, à Paris, d'une brigade spéciale de gardiens de la paix ; en temps ordinaire, elle contribuerait à assurer l'ordre dans la capitale, et, en cas de besoin, serait transportée en tout ou partie dans les localités où une grève viendrait à éclater.

Pour bien remplir la difficile mission d'assurer l'ordre en cas de grève, il faut un doigté spécial seulement exigible de professionnels ; il faut avoir reçu une instruction toute particulière, posséder l'habitude des foules et des manifestations, savoir reconnaître de suite les points utiles où des barrages doivent être établis de préférence à tout autre, posséder la manière de faire filtrer une foule, d'en faire dévier le courant dans un sens voulu, etc. Il n'y a guère que des agents de police en service à Paris qui soient à même de bien acquérir cette instruction spéciale.

La brigade mobile de gardiens de la paix, contribuant à assurer l'ordre de la capitale, y rendrait de très précieux services, non seulement en temps ordinaire où le nombre des agents devient de jour en jour plus disproportionné avec celui des apaches, toujours grandissant, mais encore dans le cas d'une mobilisation où de minutieuses précautions devraient être prises pour assurer le maintien de la tranquillité publique dans la grande ville.

En cas de grève, on aurait, pour assurer la police, des spécialistes parfaitement préparés à leur mission, et qui, pour la bien remplir, n'auraient par suite presque jamais besoin de faire usage de leurs armes. Connaissant les professionnels des grèves, et se rendant en même temps qu'eux dans les localités où les envoie la C. G. T. pour faire naître et entretenir l'excitation dans les milieux ouvriers ; devinant les meneurs ; sachant distinguer les véritables ouvriers des gens sans aveu qui auraient su se mêler à eux, ils procéderaient aux arrestations nécessaires avec l'adresse et le tact voulu, sauraient contenir la foule sans l'irriter. Ils préviendraient souvent les manifestations tumultueuses et les émeutes ; avec tout autre système, on ne pourrait que les réprimer.

Bien des gens souhaitent qu'on interdise sous des peines sévères le port de revolvers et de couteaux à cran d'arrêt, sans une autorisation spéciale délivrée à bon escient ; ce serait sans doute un progrès. La création de la brigade mobile des grèves en serait un autre certain.

La garantie de la sécurité et le respect de la liberté individuelle imposé à tous, comme le maintien rigoureux de l'ordre en toutes circonstances, est le premier devoir d'une société civilisée. Être obligé de songer à sa défense personnelle qu'on juge insuffisamment protégée, risquer d'être malmené par des gens cherchant à imposer leur volonté par la force et voir des contrées exposées aux excès de gens sans travail, c'est revenir à la barbarie.

4 octobre 1910.

---

# LE SOCIALISME COLLECTIVISTE EN CHINE

Au commencement du XIe siècle, sous la dynastie des Song, le peuple chinois, travaillé par les sociétés secrètes et surexcité par la lecture des journaux et les discours des orateurs populaires, se trouvait dans un état d'esprit analogue à celui qu'on peut remarquer en Europe et particulièrement en France depuis un certain nombre d'années. Les grandes et difficiles questions d'économie sociale et politique préoccupaient les plus indifférents et divisaient les différentes classes de la société, chacun se lançant avec passion dans la politique et dans la discussion de systèmes dont certains tendaient à opérer dans l'empire une immense révolution sociale. Non seulement les lettrés et les mandarins, mais tous les fonctionnaires, les employés de l'État, les commerçants, les industriels, et même les cultivateurs devaient prendre parti dans la lutte, car la neutralité était impossible.

La nation était divisée en deux partis acharnés l'un contre l'autre : ceux qui voulaient maintenir l'ancien état de choses en l'améliorant progressivement, ou conservateurs, et les socialistes ou révolutionnaires qui avaient pris le nom de réformateurs.

A la tête des conservateurs se trouvait Ssé-Ma-Kouang, un des hommes d'État et des historiens les plus célèbres de la Chine. Le chef des réformistes était le fameux Wang-Ngan-Ché. Tous deux avaient été appelés à la cour, dans les conseils du gouvernement, par l'empereur Chen-Tsoung ; « comme pour appeler à un combat à armes égales, nous dit M. Abel de Rémusat, le génie conservateur qui éternise la durée des empires et cet esprit d'innovation qui les ébranle. »

Issu d'une famille aisée, sinon riche, Wang-Ngan-Ché put recevoir une éducation et une instruction propres à développer ses réelles qualités naturelles. Pendant tout le temps de sa jeunesse, il travailla avec une ardeur et une application qui furent couronnées de succès et il obtint brillamment le grade de docteur.

Doué d'une éloquence de tribun, il parlait de tout, éloquemment et avec force, et possédait en particulier un merveilleux talent pour faire valoir tout ce qu'il disait et donner aux plus petites choses un air d'importance qui en faisait une véritable affaire lorsqu'il avait intérêt à ce qu'on les envisageât comme telles. Il avait des mœurs réglées et toute sa conduite extérieure était d'un sage.

Malheureusement, le fond de son caractère était une ambition extrême, jointe à un amour exagéré de la popularité quoiqu'il déclarât ne pas désirer ni aimer le pouvoir ; un orgueil sans limites qui lui faisait rejeter à priori tout ce qui ne s'accordait pas avec ses idées et n'était pas conforme à ses théories politiques ; un défaut complet de scrupules qui lui permettait de considérer tous les moyens comme légitimes quand il pouvait les employer à son avantage ; un entêtement allant jusqu'à l'opiniâtreté quand il s'agissait de soutenir un sentiment qu'il avait une fois avancé ou un système préconisé par lui.

Les historiens chinois ajoutent qu'il était d'ailleurs absolument incapable de diriger les affaires de l'État parce qu'il n'avait que des vues générales de gouvernement, aucune précision dans l'esprit, et qu'il voulait conduire les hommes suivant des théories, bonnes sans doute en elles-mêmes, mais dont il ne savait ni ne voulait faire une application raisonnable en tenant compte du temps et des circonstances.

Wang-Ngan-Ché fut d'abord un modéré et c'est sans doute l'impossibilité de se créer une situation prépondérante dans ce parti qui le poussa dans les rangs des réformateurs. Il commença par publier de longs commentaires des livres classiques dans lesquels il insinua les principes socialistes collectivistes, puis il composa un dictionnaire universel dans lequel il donnait à différents caractères un sens arbitraire qu'il avait intérêt à y trouver plus tard.

Poussé à la Cour par son parti, il fut soutenu par un certain nombre de mandarins influents et ambitieux qui ne partageaient pas ses idées révolutionnaires, mais espéraient se voir faciliter ainsi l'accès du pouvoir, en obtenant du souverain la constitution d'un gouvernement de conciliation intermédiaire entre les conservateurs et les réformateurs, gouvernement pour lequel ils auraient été tout désignés. Wang-Ngan-Ché les ménagea d'abord et subit différentes phases de succès et de discrédit ; mais sa puissance finit par s'affirmer et elle devint presque illimitée sous l'empereur Chen-Tsoung, qui, séduit par ses brillantes qualités, lui donna toute sa confiance.

En quelques années, toute l'administration, les tribunaux, les écoles, l'armée furent remplis de ses créatures, généralement affiliées à la toute puissante société secrète du Nénuphar, dont il était un des principaux chefs. Trouvant alors que le moment était venu de mettre en application son système de collectivisme, il renversa hardiment l'ancien état de choses.

Le premier devoir du gouvernement, disait le chef des collectivistes chinois, est de procurer au peuple, le plus largement possible, les seuls avantages réels de la vie, qui sont l'abondance et la joie. On arriverait à ce résultat si tous les hommes s'inspiraient constamment des sentiments de justice et d'honnêteté. Mais comme on ne saurait l'espérer, l'État doit, par des lois sages et inflexibles, empêcher tous les abus.

Selon ces lois sages et inflexibles, édictées pour empêcher l'exploitation de l'homme par l'homme, l'État s'emparait de toutes les sources de richesse du pays pour devenir le seul exploitant universel. Il se faisait commerçant, industriel, agriculteur, dans le but de venir au secours des classes laborieuses et de les empêcher d'être opprimées par les riches.

En ce qui concerne, par exemple, l'agriculture, le sol appartenant, comme toutes choses, à l'État, on procédait annuellement à un partage des terres entre les cultivateurs de chaque commune et on leur distribuait en même temps les grains nécessaires aux semailles, avec l'obligation de rendre en graines, après la récolte, le montant de ce qu'on leur avait avancé. Les employés du gouvernement décidaient d'ailleurs chaque année quel genre de culture convenait à chaque parcelle de terrain.

Les admirateurs de Wang-Ngan-Ché ne manquaient pas de faire remarquer qu'ainsi l'abondance et le bien-être règneraient certainement dans tout l'empire. L'État s'occupant de la culture des terres et ayant de plus le soin de fixer journellement le prix des denrées, il y aurait toujours certitude de jouir d'une abondance proportionnelle à la récolte.

En cas de disette, le gouvernement de Pékin rétablirait facilement l'équilibre en faisant transporter aux frais du Trésor, dans les contrées les plus pauvres, la surabondance des provinces riches et ainsi les subsistances se maintiendraient toujours à un prix modique. Il n'y aurait plus de nécessiteux et l'État, seul spéculateur, pourrait réaliser chaque année des bénéfices énormes qu'il dépenserait en grands travaux publics. Les seuls devant avoir à souffrir du nouvel ordre de choses étaient les usuriers et les accapareurs, qui profitent toujours des disettes et des calamités publiques pour s'enrichir et ruiner les travailleurs.

D'après les nouveaux règlements, des tribunaux spéciaux chargés de fixer chaque jour le prix des denrées et des marchandises devaient, en outre, pendant un certain nombre d'années, établir des taxes spéciales très élevées frappant tous les riches. Il appartenait, du reste, à ces tribunaux, de décréter souverainement qui était riche et qui était pauvre. Les sommes provenant de ces taxes destinées à faire disparaître progressivement toutes les fortunes et à amener le nivellement universel, étaient mises en réserve dans le trésor de l'État pour être ensuite distribuées aux vieillards, aux pauvres, aux ouvriers sans travail, à tous ceux qui seraient dans le besoin.

En même temps que les fortunes devaient disparaître, l'enseignement donné exclusivement dans les écoles de l'État devait peu à peu détruire tous les principes sur lesquels repose la famille ; l'idée de famille étant contraire au principe du collectivisme. L'armée était bien entendu remplacée par des milices.

Ces innovations et ces réformes furent célébrées avec enthousiasme par les partisans de Wang-Ngan-Ché. Mais les résultats obtenus après quelques années d'expérience étant loin de répondre aux espérances et aux promesses du novateur, ses adversaires reprirent confiance et il fut alors l'objet des plus vives attaques.

L'Empereur, un instant ému par les respectueuses représentations et les suppliques qu'il recevait de toutes parts, sembla sur le point de donner gain de cause aux partisans de l'ancien état de choses. Le chef des socialistes fit courageusement tête à l'orage. « Pourquoi tant vous presser de défaire votre ouvrage, dit-il froidement au souverain. Attendez qu'une expérience suffisamment longue vous ait réellement instruit du bon ou du mauvais résultat de ce que nous avons établi pour le plus grand avantage de l'Empire et le bonheur de vos sujets. Les débuts de toute entreprise sont difficiles et c'est seulement après avoir vaincu les premières difficultés qu'on peut espérer retirer quelque fruit de ses travaux. Soyez ferme et tout ira bien. Vos ministres, vos lettrés, tous vos mandarins sont soulevés contre moi, je n'en suis pas surpris. Il leur en coûte de se faire à de nouveaux usages ; ils s'y accoutumeront peu à peu, l'aversion qu'ils ont de parti pris pour toutes les innovations se dissipera d'elle-même et vous verrez qu'ils finiront par louer ce qu'ils blâment tant aujourd'hui. »

Chen-Tsoung se laissa de nouveau convaincre et, jusqu'à la fin de son règne, Wang-Ngan-Ché conserva son entière autorité, ce qui lui permit de mettre à exécution tous ses plans de réforme collectiviste en bouleversant l'Empire à son gré.

D'après les annales chinoises, les conséquences de la révolution sociale furent encore plus néfastes qu'on aurait pu les prévoir, et le peuple tout entier se trouva bientôt plongé dans une misère sans précédents. En effet, personne ne pouvant plus acquérir, chacun n'eut désormais qu'un but : figurer parmi les innombrables employés de l'État et fournir la moindre somme possible de travail, tous les efforts étant exclusivement réservés pour les intrigues de toutes sortes destinées à se pousser rapidement dans la carrière choisie. Sans parler du commerce complètement détruit, les arts, toutes les industries tombèrent vite en décadence ; les terres, mal cultivées par les agriculteurs qui n'avaient intérêt ni à les ménager ni à les fumer, puisqu'elles restaient rarement deux années de suite dans les mêmes mains, donnèrent bientôt de mauvaises récoltes. Beaucoup de riches Chinois, pour échapper aux taxes arbitraires, cachèrent leur argent devenu ainsi improductif ou s'exilèrent en l'emportant, tandis que les étrangers désertèrent complètement la Chine et ses marchés.

Au point de vue moral, les citoyens du Céleste Empire, privés de liberté et de toute initiative, ne pouvant plus avoir d'ambition, sans but à atteindre, sans idéal, traînèrent des existences vides, plus tristes, plus pénibles à supporter que par le passé. Les caractères s'aigrirent, des dissentiments profonds, des haines violentes s'élevèrent de tous côtés entre les habitants en partie désœuvrés, n'ayant désormais comme unique souci que la satisfaction immédiate de leurs passions.

Ce qui acheva de soulever l'opinion publique contre le grand socialiste, ce fut surtout sa tentative de destruction, par l'enseignement de l'école, du principe de la famille ; le Hsiao, base fondamentale de la société chinoise.

A la mort de l'Empereur Chen-Tsoung, Wang-

Ngan-Ché fut renversé et ne survécut pas longtemps à sa chute. L'impératrice régente le remplaça par Ssé-Ma-Kouang, chef du parti conservateur, qui s'efforça de faire disparaître les traces du gouvernement collectiviste.

Quelques années plus tard, les socialistes revinrent encore au pouvoir, mais pour une courte durée. Renversés de nouveau, ils ne tardèrent pas à être poursuivis de toutes parts et chassés de l'empire ; c'était en 1129.

Les nombreux partisans du système révolutionnaire de Wang-Ngan-Ché, ainsi forcés de s'éloigner d'une société dont ils avaient essayé de faire leur proie, et où les souvenirs de leurs tentatives de désorganisation générale excitaient contre eux les haines de tous leurs concitoyens, franchirent la grande muraille et se répandirent dans les déserts de la Tartarie.

Menant une vie errante et vagabonde, ils eurent bientôt communiqué leur esprit d'agitation, leur haine de la société civilisée aux hordes mongoles, dont le caractère sauvage, le courage et l'endurance n'étaient égalés que par leur pauvreté. La Tartarie entra bientôt tout entière en fermentation. Ces fortes et vigoureuses populations, en qui la Chine venait d'inoculer le virus des révolutions, ne pouvaient plus se contenir, il leur fallait des bouleversements, des combats sanglants, un monde à conquérir et à ravager. Un homme se leva pour tirer parti de ces terribles et implacables instincts de désordre et d'agitation, ce fut Tchinggis-Khan. Il aggloméra les hordes de ces sauvages contrées en immenses bataillons et les jeta sur la Chine. Encore toute affaiblie par la période de désorganisation révolutionnaire qu'elle venait de traverser, n'ayant plus que des milices sans valeur militaire pour défendre ses frontières et son territoire, elle ne pouvait évidemment résister à ce furieux assaut. La conquête en fut rapide, presque sans combat et en quelques mois l'immense Empire fut noyé dans le sang.

C'est l'origine de ces grandes invasions au cours desquelles Tchinggis-Khan poussa devant lui ses hordes victorieuses jusqu'en Europe, écrasant tous les peuples qu'il rencontrait sur son passage.

6 novembre 1910.

---

# L'IMPOT ET LES CHARGES DE FAMILLE

Parmi les réformes à l'ordre du jour particulièrement chères à certains partis politiques, un impôt sur le revenu figure au premier rang.

Alors que les masses avaient encore une aveugle foi dans les promesses de ceux qui pensent pouvoir, avec quelques lois sociales, adoucir notablement et très vite la situation malheureuse du plus grand nombre, le projet d'impôt sur le revenu a joui d'une réelle popularité ; chacun s'imaginait volontiers que le fardeau pesant aujourd'hui plus ou moins lourdement sur ses épaules allait désormais être supporté en grande partie par ses voisins.

C'est un des motifs qui doit rendre le législateur particulièrement circonspect dans l'examen de cette sérieuse question. En dehors du danger de s'exposer à des mécomptes en modifiant profondément notre vieux système d'impôt, il ne faut pas risquer de donner aux populations un sujet de grave désillusion.

Pour de multiples raisons, le budget augmente chaque année d'une manière considérable et on ne peut malheureusement prévoir où il s'arrêtera dans sa marche ascendante. Il serait à souhaiter qu'une sage administration parvînt à mettre un frein aux dépenses publiques, de telle sorte que leur augmentation annuelle restât proportionnelle au développement de la richesse nationale, n'augmentant plus ainsi désormais les charges relatives du contribuable. Mais comme il est fort peu probable que ce résultat soit jamais atteint, il faut de toute nécessité rechercher pour l'État de nouvelles sources de revenus. On ne saurait, en effet, songer à augmenter encore les impôts actuels qui sont répartis d'une manière fort peu équitable et dont beaucoup de contribuables, injustement surchargés, ne supportent aujourd'hui qu'impatiemment le poids devenu beaucoup plus lourd que jadis.

Il semble donc qu'une réforme fiscale s'impose, mais il est essentiel que le nouveau système repose sur des bases d'une complète justice, d'une équité incontestable, sans quoi l'on peut être persuadé qu'il serait mal accueilli par la masse de la Nation. Le peuple paierait néanmoins, sans nul doute, mais se désaffectionnerait du régime. Frapper à la bourse est toujours chose délicate, c'est parfois le germe des révolutions.

Une charge très lourde mais équitablement répartie sera souvent supportée avec plus de facilité et en soulevant moins de récriminations qu'une autre plus légère mais mal distribuée. Non seulement la part d'impôt supportée par chacun doit être proportionnée à ses ressources, c'est-à-dire à sa faculté de payer une somme plus ou moins élevée au fisc, mais encore tout contribuable doit pouvoir se rendre compte que personne ne se trouve plus favorisé que lui.

Je me souviens qu'étant commandant de Cercle en Indo-Chine, je reçus des instructions pour augmenter d'une manière très sensible le montant des impôts payés par les Chinois. Or, ils s'estimaient déjà beaucoup trop fortement taxés et j'étais assailli de continuelles réclamations à ce sujet. Une augmentation du taux des cartes de capitation ou des patentes semblait donc également impossible sans courir le risque d'une émigration en masse des intéressés, ce qui aurait porté un grave préjudice au commerce et à notre budget local. En cette occurrence délicate, je mandai le Chef de la Congrégation (chef des Chinois nommé par eux à l'élection), et le mis au courant des nombreuses réclamations de ses compatriotes au sujet des impôts ; je lui fis comprendre qu'un certain nombre d'entre elles étaient sans doute justifiées, mais que je ne pouvais m'en rendre compte ne connaissant pas suffisamment les ressources de chacun. J'ajoutai qu'afin d'éviter de commettre des injustices, j'étais disposé à m'en rapporter à eux-mêmes, pour la répartition des taxes dont je lui indiquai seulement le montant global, correspondant à ce que je devais faire rentrer d'après mes instructions. Quelques jours plus tard, le Chef de la Congrégation m'apportait la somme totale avec l'état des taxes payées par chacun, et me transmettait en même temps l'expression de la vive reconnaissance de tous les Chinois du Cercle, qui, malgré l'augmentation sérieuse du montant total des nouveaux impôts, les avaient accueillis avec joie, les considérant comme un allégement des charges. Évidemment, l'impôt primitif résultant des anciennes cartes de capitation et des patentes devait être mal réparti et de nombreux intéressés le considéraient comme trop lourd. L'impôt plus élevé qu'on demandait, payé par chacun d'eux suivant ses ressources, parut beaucoup plus léger et fut par suite payé plus facilement. N'y a-t-il pas là un enseignement ?

Le Trésor a deux grandes sources de revenus : les contributions directes et les contributions indirectes.

Les contributions indirectes, impôts qui frappent les objets de consommation, sont toujours très en faveur auprès des gouvernements, car les intéressés les paient au jour le jour, presque sans s'en rendre compte, leur montant étant englobé dans le prix des objets achetés. En outre, elles ont l'avantage réel de faire supporter une partie des charges fiscales aux nombreux étrangers venant faire en France des séjours de plus ou moins longue durée, ce qui est justice. Aussi ces contributions ont-elles reçu un grand développement et presque tous les objets nécessaires à l'existence sont-ils frappés plus ou moins lourdement. A l'heure actuelle, un Français possédant une fortune modeste paie en général au fisc des sommes beaucoup plus élevées comme contributions indirectes que celles qui lui sont demandées au titre des contributions directes.

On peut en conclure de suite que les impôts indirects, sauf ceux relatifs aux objets de luxe, reposent sur un principe contraire à l'équité puisqu'ils pèsent d'autant plus lourdement sur le contribuable que celui-ci a une famille plus nombreuse, c'est-à-dire qu'il a plus de charges par rapport à ses ressources. Un père de famille ayant six enfants à nourrir paie de ce fait infiniment plus d'impôt qu'un célibataire ou un ménage sans enfant, qui, à fortune égale, est relativement beaucoup plus riche.

On ne saurait néanmoins faire disparaître ces impôts, car ce serait créer dans le budget un vide qui serait difficilement comblé, mais on doit s'efforcer de réduire au strict minimum tous ceux qui frappent les objets de première nécessité, indispensables à l'existence.

Par contre, les impôts directs pourraient être augmentés et répartis de manière à réparer le plus possible les inégalités de charges résultant forcément des impôts indirects.

Deux partis sont en présence pour la fixation du montant des impôts directs et tous deux prétendent naturellement s'appuyer sur l'esprit de justice. D'après les uns, l'impôt devrait être strictement proportionné au montant des fortunes ou des revenus ; un contribuable qui a 10 000 francs de rente payant par exemple dix fois plus que celui qui en a 1 000. Selon les autres, l'impôt serait proportionné aux facultés contributives de chacun, c'est-à-dire que son taux augmenterait progressivement avec le montant de la fortune ; un contribuable qui a 1 000 francs de rente payant par exemple 1 pour 100 de son revenu au fisc, celui qui aurait 10 000 francs de rente paierait 2 pour 100 de son revenu, soit proportionnellement deux fois plus que le premier.

Ceux qui soutiennent la thèse de la progressivité font valoir que les facultés contributives d'une personne augmentent beaucoup plus rapidement que le montant de sa fortune. Les revenus nécessaires pour assurer une existence matérielle, même très confortable, ne sont jamais fort élevés ; tout ce qui dépasse leur montant est employé à des dépenses de luxe, et même, au delà d'un certain chiffre, est le plus souvent économisé et placé. Or, il est plus difficile de faire un prélèvement pour le fisc sur les sommes nécessaires à assurer l'existence matérielle que sur celles destinées à des dépenses de luxe ou à des placements devant augmenter la fortune.

Le système de la progressivité nous semble plus rationnel et plus juste, mais sous la réserve essentielle qu'on fasse entrer en ligne de compte les charges comme les ressources des individus, de telle sorte que chacun soit taxé suivant sa force contributive réelle, et que, d'autre part, on n'admette pas de trop larges dégrèvements dans le bas.

Il est rationnel que chacun paie une quote-part des contributions directes, si légère soit-elle. Les exemptions totales de taxes, qui créent une situation privilégiée dans l'État à beaucoup de gens, le plus souvent susceptibles en réalité de payer un petit impôt, ont le grave inconvénient d'amener une partie nombreuse de la population à se désintéresser complètement de l'augmentation progressive des charges, dont elle n'aura jamais à supporter le fardeau, et qui sont cependant fixées chaque année par ses représentants au Parlement. Cette considération a un poids tout particulier quand il s'agit d'établir un impôt progressif sur le revenu. Ce qui le fait surtout redouter, c'est la facilité avec laquelle on pourra augmenter cette charge nouvelle en élevant le taux des taxes d'impositions, et la tentation de recourir à ce procédé commode que les membres du Parlement auront fatalement dès qu'on aura besoin de ressources nouvelles. Or ce danger menaçant avec notre régime parlementaire ne peut être en partie conjuré que si l'impôt est réparti sur l'immense majorité des électeurs, les classes pauvres en supportant d'ailleurs, bien entendu, une minime partie, de telle sorte que toute augmentation de charges se fasse sentir dans les différents milieux sociaux et électoraux.

Dans cet ordre d'idées, on pourrait admettre qu'au point de vue du fisc les revenus possédés par le chef de famille fussent divisés en autant de parties qu'il y a de personnes à sa charge effective, chaque part devant être taxée d'après son montant, suivant une échelle progressive.

Supposons par exemple, que l'échelle des taxes soit de :

| | | | | | |
|---|---|---|---|---|---|
| 0,5 pour 100 | de | 2 000 | à | 3 000 | francs de revenu ; |
| 1 — | de | 3 000 | à | 4 000 | — |
| 1,5 — | de | 4 000 | à | 6 000 | — |
| 2 — | de | 6 000 | à | 9 000 | — |
| 3 — | de | 9 000 | à | 12 000 | — |
| 4 — | de | 12 000 | à | 16 000 | — |
| 5 — | de | 16 000 | à | 20 000 | — |

Un célibataire qui aurait 20 000 francs de revenu paierait un impôt direct de 5 pour 100 sur 20 000 francs, soit 1 000 francs.

Un ménage sans enfant qui aurait le même revenu payerait deux fois un impôt de 3 pour 100 sur 10 000 francs, soit 600 francs (chacun des conjoints étant sensé avoir la moitié de 20 000 francs de revenu).

Un ménage ayant deux enfants à sa charge et le même revenu paierait quatre fois un impôt de 1,5 pour 100 sur $\frac{20\,000}{4}$ ou 5 000 francs soit 300 francs ; de même, s'il avait six enfants, sa part d'impôt serait réduite à 8 fois 0,50 pour 100 sur $\frac{20\,000}{8}$ ou 2 500 francs, soit 100 francs.

Ce système ne créerait pas en réalité une situation privilégiée aux familles nombreuses et se contenterait de rétablir l'équivalence des charges actuellement rompue à leur détriment par les impositions indirectes. Il semblerait aussi équitable que possible, à condition toutefois que l'échelle des taxes fût établie avec un soin, une justice extrêmes, de manière à ne dégrever que les personnes ne pouvant réellement pas payer un impôt direct, même très faible et de façon à progresser, d'autre part au besoin légèrement, mais d'une manière continue, avec le montant des revenus taxés.

Il faut reconnaître que ces idées sont malheureusement en opposition avec celles en cours, qui tendent à exonérer de plus en plus de toute charge les classes pauvres pour se ménager la faveur d'un plus grand nombre d'électeurs, et à ménager les classes riches qui disposent d'une grande influence. Presque tout le poids des taxes doit par suite peser sur la classe moyenne, la petite bourgeoisie, qui depuis des années supporte l'accroissement successif des charges sans trop de récriminations et, assure-t-on, peut seule facilement procurer des ressources élevées au Trésor.

Ce dernier argument n'a, selon nous, qu'une valeur fort contestable. Les changements qui se sont produits depuis 40 ans dans la répartition de la fortune publique ont été très grands. Pour des causes multiples : développement de la haute banque, de la grande industrie et du grand commerce ; accroissement rapide des fortunes par l'économie à partir d'un certain chiffre ; nombre restreint d'enfants dans les familles riches, il s'est élevé en France, à l'instar de l'Amérique quoique dans des proportions moindres, un certain nombre de fortunes considérables, ainsi que beaucoup de grosses fortunes, et cela au détriment des fortunes moyennes qui proportionnellement tendraient à diminuer.

D'autre part, avec l'augmentation de la richesse, du luxe, du bien-être et l'avilissement de l'argent, la rémunération des services rendus par les hommes de valeur réelle dans toutes les branches de la science, des arts, de l'industrie, des finances, a augmenté dans de très fortes proportions. Aujourd'hui, le nombre des personnes à Paris qui gagnent plus de 50 000 francs par an est certainement très élevé.

N'est-il pas logique que les contribuables possédant ces fortunes exceptionnelles, ces grosses fortunes, ou gagnant chaque année de très fortes sommes, supportent une partie importante des charges de la nation ? Ce sont eux d'ailleurs qui profitent le plus des avantages résultant de l'organisation sociale, cause première des dépenses budgétaires.

Il semble qu'il ne serait pas équitable, comme certains le voudraient, de taxer les revenus provenant de la fortune acquise d'une manière plus forte que ceux produits par le travail. Le principe de la répartition de l'impôt préconisé consiste à faire supporter à chacun une charge proportionnée à ses forces, c'est-à-dire à ses charges d'une part et à ses ressources de l'autre, peu importe d'où viennent ces ressources. La richesse acquise est du reste frappée déjà d'autre part, au moment des successions, et il ne faut pas lui imposer de charges trop lourdes, particulièrement du vivant de ses propriétaires, si l'on ne veut pas risquer de voir, à un moment donné, les capitaux émigrer à l'étranger, ce qui est facile aujourd'hui.

Nous pensons néanmoins que la raison, le sentiment du devoir, le patriotisme, la crainte des ennuis et des complications de toute sorte, pourront amener le plus grand nombre à accepter le paiement d'un impôt sur le revenu, avec des taxes relativement élevées pour les grosses fortunes, mais à la condition absolue qu'il n'ait aucun caractère inquisitorial et par suite vexatoire. Il serait nécessaire d'accepter comme bonnes et non sujettes à vérification toutes les déclarations des contribuables, faites sous la foi du serment, quitte à fixer un minimum à payer d'après les marques extérieures de la richesse : montant du loyer, nombre de domestiques par rapport au nombre des membres de la famille, voiture, auto, etc...

C'est à notre avis une condition essentielle pour qu'un impôt sur le revenu ne soit pas profondément impopulaire en France et n'entraîne pas des fraudes sans nombre.

En terminant, insistons encore sur l'intérêt qu'il y aurait à ce que l'établissement de l'assiette de l'impôt tienne le plus grand compte des charges de famille. Actuellement, à Paris, le chef de famille est dégrevé par enfant vivant sous son toit et à sa charge d'environ 3 à 4 francs d'impôts, correspondant à un loyer de 37 fr. 50. N'est-ce pas dérisoire ?

Tout le monde reconnaît le grand danger de la dépopulation, qui risquerait, en s'accentuant, de faire tomber la France dans un certain nombre d'années au rang des puissances de second ordre. Mais jusqu'à présent, aucun moyen tant soit peu efficace de le combattre n'a été proposé et adopté.

La disparition progressive des familles nombreuses provient, sans nul doute, du développement des idées matérialistes, et des lourdes charges sans compensations occasionnées par la nécessité d'élever un grand nombre d'enfants. Une famille nombreuse en raison de la division de la fortune qui en découle implique un appauvrissement et souvent même un déclassement des enfants, quand ce sont des filles. C'est pourquoi on trouve encore quelques grandes familles dans la partie de la population qui ne possède rien ou presque rien, mais très rarement dans les hautes classes de la société, dans la bourgeoisie, parmi les petits propriétaires et les rentiers occupant un rang social auquel ils tiennent, et possédant une fortune, des propriétés à diviser plus tard. Et la richesse se répandant de plus en plus en France, on voit que le mal de la dépopulation a chance de faire de continuels progrès.

Pour essayer de l'enrayer, on ne doit pas hésiter à accorder aux chefs des familles nombreuses de réels avantages moraux. Un des meilleurs serait l'adoption du bulletin de vote familial, qui donnerait à chacun dans les différentes élections autant de voix supplémentaires qu'il a de personnes à sa charge ; mesure juste, puisqu'elle attribuerait aux électeurs une influence proportionnée à la place réelle qu'ils occupent dans la société. Mais on devrait d'autre part s'efforcer d'alléger le plus possible et par tous les moyens le poids des impôts qu'ils ont à supporter.

Elever une grande famille est une lourde charge. C'est aussi l'accomplissement d'un grand devoir. Le premier soin d'un gouvernement doit être d'encourager ceux qui donnent de nombreux enfants à la patrie, en les honorant comme ils le méritent et en s'efforçant de faciliter leur tâche.

20 août 1911.

# TABLE DES MATIÈRES

---

CHARTRES. — IMPRIMERIE DURAND, RUE FULBERT.

## EN VENTE, A LA MÊME LIBRAIRIE

**Au Tchad.** *Trois ans chez les Senoussites, les Ouaddaïens et les Kirdis*, par le capitaine CORNET. Nouvelle édition précédée d'une préface de M. Paul ADAM. Un volume in-16 avec des gravures hors texte . . . . . . . . . . . . . . . . . 4 fr.

*Les Marins en Chine.* **Souvenirs de la colonne Seymour.** par Jean DE RUFFI DE PONTEVÈS, enseigne de vaisseau, chevalier de la Légion d'honneur. 7e édition. Un volume in-16 illustré de dessins de Henri ROUSSEAU, de photographies et de croquis . . . . . . . . . . . . . . . . . . . . . 4 fr.

*(Couronné par l'Académie française, prix Montyon.)*

**Honneur militaire.** *Italie* (1859). *Cochinchine* (1862). *France* (1870). avec préface de M. le vicomte E.-M. de Vogüé, de l'Académie française. 2e édition. Un vol. in-8° écu. . 3 fr. 50

**Lettres sur l'Algérie** (1907-1908), par le général DONOP. 2e édition. Un vol. in-16 . . . . . . . . . . . . . . . . 3 fr. 50

**En Smaala.** par Michel ANTAR. Un volume in-18. . . 3 fr. 50

*L'expansion française au Tonkin.* **En territoire militaire.** par Louis DE GRANDMAISON, capitaine au 131e d'infanterie. Avec une lettre du général Gallieni. Un volume in-18 accompagné d'une carte . . . . . . . . . . . . . . . . . . . 3 fr. 50

*(Couronné par l'Académie française, prix Furtado.)*

*Types militaires d'antan.* **Généraux et soldats d'Afrique.** par le capitaine BLANC. Un vol. in-18. . . . . . . . . 3 fr. 50

**Autobiographie de Henry M. Stanley.** publiée par sa femme Dorothy STANLEY, traduite par Georges FEUILLOY. — I. *Années d'épreuves et d'aventures* (1843-1862). 3e édition. Un volume in-16 avec portrait. . . . . . . . . . . . . 3 fr. 50

II. *Livingstone. — Le Congo. — Emin-Pacha. — Le Parlement. — Dernières années* (1862-1904). 3e édition. Un volume in-16, avec deux portraits et une carte. . . . . . . . . . 3 fr. 50

**Au Congo** (1898). *Impressions d'un touriste*, par le Baron E. DE MANDAT-GRANCEY. 3e édition. Un volume in-16 orné de gravures d'après des photographies et d'une carte . . . . . . . 4 fr.

*(Couronné par l'Académie française, prix Lambert.)*

**Chez les Cannibales de l'Afrique centrale.** par Herbert WARD, engagé comme officier dans l'expédition Stanley (1884-1889). Un volume in-8°, avec 62 gravures, d'après des photographies, des sculptures et des dessins de l'auteur. Broché : 7 fr. 50. Reliure amateur. . . . . . . . . 10 fr. 50

*Mission Binger.* **France noire (Côte d'Ivoire et Soudan),** par Marcel MONNIER. Un vol. in-8°, accompagné de 40 gravures d'après les photographies de l'auteur. . . . . . . . . 7 fr. 50

---

PARIS. — TYP. PLON-NOURRIT ET Cie, 8, RUE GARANCIÈRE. — 16603.

www.ingramcontent.com/pod-product-compliance
Ingram Content Group UK Ltd.
Pitfield, Milton Keynes, MK11 3LW, UK
UKHW020308230726
13925UKWH00001B/283